KB056973

020

공무원 영어 기출 1200제

마왕영어

급 공무원, 경찰, 소방 영어 대비 기출 영어

마왕영어의 차별화된 특징

① 전체 예문 공무원 기출 및 예상으로 구성

② 기출 동형 중 가장 효율적인 유형 채택

주된 유형 1

10 어법상 옳은 것을 고르고 잘못된 문장은 바로잡고 해석하세요.

① He asked me that book among them was my favorite.

② The book in which was my favorite is about to be sold.

③ She is wondering where he will go for a vacation.

④ The place which he went for vacation is New York.

다른 잘못된 문장들도 전부 분석하여
바로잡도록 함

낭비되는 문장 없이
해석연습까지

주된 유형 2

11 우리말을 영어로 가장 잘 옮긴 것을 찾고 잘못된 문장은 바로잡으세요.

① 상황이 힘들 때, 침착함과 이성을 유지하는 것을 기억해라.
→ When things are tough, remember remaining calm and rational.

② 나는 나의 할아버지로부터 많은 지혜의 말들을 들은 것을 기억한다.
→ I remember to hear many words of wisdom from my grandfather.

③ 인생의 목표를 가져라 - 그러고 나서 방아쇠를 당기는 것을 잊지 마라.
→ Have an aim in life - then don't forget pulling the trigger.

④ 나는 처음으로 이 음악을 들었던 것을 결코 잊지 않을 것이다.
→ I'll never forget hearing this music for the first music.

영어 문장과 우리말을 매치하면서
모든 문장을 바로잡도록 함

낭비되는 문장 없이
자연스럽게 어휘학습까지

주된 유형 3

10 You might well be attracted to a more outgoing person.

11 I must work harder to make up for the results of my last term examination.

Actual Exercise 2 다음 주어진 문장을 분석하고 해석하세요.

01 Both adolescents and adults should be cognizant of the risks of second-hand smoking.

cognizant (a) 인

학습한 문법을
기출 독해 예문에 적용하여 독해력 완성

3 학습효과 향상에 도움 되는 다른 유형들도 골고루 반영

4 이전에 배운 문법들이 문제에 반복해서 등장
자연스러운 복습 효과

C O N T E N T S

C O N T E N T S

공무원 영어 시험공부 어떻게 해야 할까?

공무원 영어! 기본기와 어휘력에 답이 있다!

공무원 영어 시험은 기본적으로 어휘, 문법, 독해력을 두루 평가하는 시험입니다.
20분에 20문항을 풀어내야 하는 촉각을 다투는 시험일뿐만 아니라,
시험범위와영역도 다양하여 영어시험에 익숙하지 않은 수험생들이라면 막연하게 느껴질 수도 있을 것입니다.
난이도에 대해서는 의견이 분분한 편이기는 하나 제대로 된 방법으로 준비를 해야 한다는 데는 이견이 없을 것입니다.

첫 번째 준비는 기본기와 어휘력입니다.

우선적으로 기본기를 탄탄이 하여 구문분석이 가능해야 하며 영어 구조 자체를 이해해야 합니다.
영어 구조에 대한 이해가 없다면 아무리 어려운 문법책으로 공부하고 문제를 많이 풀어도
결국은 모래성을 쌓는 결과로 이어지게 되어 고득점을 하는데 큰 걸림돌이 될 것입니다.

또한 아무리 문장의 구조가 한 눈에 들어오게 된다하여도 단어를 모르면 전혀 의미가 없게 될 것입니다.
또한 공무원 시험에 나오는 어휘는 범위가 매우 광범위하고 수준 높은 단어들도 빈번하게 출제되고 있습니다.

따라서 가능한 많은 어휘를 확보하시는 것이 유리합니다.

마왕영어는 전체 예문이 기출과 예상예문으로 구성이 되어 있습니다.
또한 공무원 영어 시험 동형 중에 가장 실력을 극대화하면서
공무원 영어 시험에 익숙해지는 문제 유형으로 구성하였습니다.
따라서 마왕영어를 통해 문법 문제뿐만 아니라 독해 실력까지도
괄목할만한 향상을 기대할 수 있다고 감히 말해봅니다.

공무원 수험생들의 고득점과 합격을 기원합니다 감사합니다.

이선미

영어 문장의 구조 한눈에 보기!

문장의 구성

(주인공)
❶ 주어 + 동사
　명사+은/는/이/가

　　　　　　　　　(보충어)
❷ 주어 + 동사 + <u>보어</u>
　　　　　　　　　명사/형용사

❸ 주어 + 동사 + 목적어
　　　　　　　　　명사+을/를

❹ 주어 + 동사 + 간접 목적어 + 직접 목적어
　　　　　　　　　명사+에게　　　　　명사+을/를

❺ 주어 + 동사 + 목적어 + 목적보어
　　　　　　　　　　　　　　(목적어를 보충)

3단계 학습 맵!

1단계 • 단어	→	2단계 • 구 (준동사) ✄₁	→	3단계 • 절 ✄₂
: 의미를 가진 최소 단위		: 두 개 이상의 단어가 세트를 이룸		: S + V

명사

주어, 목적어, 보어 자리에 들어감

→ **to부정사, 동명사**

→ **명사절**
명사절을 이끄는 접속사는?
that, what, if, whether, who, where 등

형용사

명사수식

→ **to부정사, 분사**
미래적 의미

• 현재분사: 능동
• 과거분사: 수동

→ **형용사절**
형용사절을 이끄는 접속사는?
who, which, where, when 등

부사

명사 빼고 다 수식

→ **to부정사**

❶ ~하기 위해서
❷ 무의지: 해석 앞 - 뒤
❸ 감정단어: 해석 뒤 - 앞

→ **부사절**
부사절을 이끄는 접속사는?
when, while, as, because, although 등

동사

➤ 동사만의 기능
❶ 부정표현
❷ 시제표현
❸ 조동사 거느림
❹ 태 표현

✄₁ **준동사란?** 원래는 동사였지만 약간의 형태를 바꿔 동사가 아닌 다른 역할(명사, 형용사, 부사)를 함.

✄₂ **절(S+V)과 문장의 차이점?** 문장 구성요소를 다 갖추어야 문장으로써 마침표를 찍을 수 있다.
그렇지 못하면 문장이 아닌 절이다.
예) 'I ate' 는 문장이 아닌 절이다.

UNIT 1
단어와 문장의 이해

1단계에 들어가기 전에...

1단계는 단어입니다. 단어는 의미를 가진 최소단위입니다.

우리는 단어 중에서도 명사, 형용사, 부사, 동사 만을 집중적으로 배울 것이며 명사는 주어, 목적어, 보어 자리에 들어가고 형용사는 명사를 꾸며주고 부사는 명사 빼고 다 (즉, 형용사, 동사, 또 다른 부사 문장전체)를 꾸미는 역할을 한다는 것! 꼭 기억하세요.

UNIT
1 1단계: 단어와 문장의 이해

Check up

A 단어와 구, 절의 구분

◢ 우리가 배울 단위는 세가지 이다.

❶ 단어: 의미를 가지는 최소 단위
ex) clock, boy, name etc

❷ 구: 2개 이상의 단어가 세트를 이루는 것
ex) in the morning, to drive

❸ 절: 최소 한 개 이상의 문장 구성 요소(즉 주어, 목적어 등)와 동사로 구성된 것. 구성 요소를 모두 갖추고 있으면 문장인 동시에 절이지만 하나의 요소라도 빠져 불완전하다면 문장이라고 볼 수 없으나 절이라고 볼 순 있다.

ex) • She has the book. 문장(o), 절(o)
    • She has 문장(x), 절(o)
    • Has the book 문장(x), 절(o)

01 다음 밑줄 친 부분이 단어, 구, 절 중 어떤 것인지 구별하세요.

① <u>When I saw him</u>, his face turned red.

② I touched a <u>round</u> object.

③ The boy is talking <u>to his brother</u>.

④ A girl <u>who lives in Seoul</u> wants to travel in Busan.

⑤ She was <u>completely</u> perplexed to see a dragon.

02 다음 밑줄 친 부분이 단어, 구, 절 중 어떤 것인지 구별하세요.

① She <u>made</u> an appointment.

② <u>Upon running into him</u>, she felt something strange.

③ The boy is talking <u>to his brother</u>.

④ A girl <u>who lives in Seoul</u> wants to travel in Busan.

⑤ She was <u>completely</u> perplexed <u>to see a dragon</u>.

Check up

B 문장을 구성하는 단어의 종류

◢ 우리가 배울 단어의 종류는 크게 4가지로 나뉜다.

❶ **명사**: 이름을 의미하는 단어
   ex) 책상, 사랑, student, book, etc

❷ **동사**: 동작을 나타내는 단어
   ex) 자다, 놀다, study, eat, etc

❸ **형용사**: 모양이나 형태를 나타내는 단어
   ex) 좋은, 착한, pretty, nice, etc

❹ **부사**: 단어나 구, 문장을 수식하는 단어
   ex) 매우, 빠르게, very, much, etc

03 다음 제시된 단어의 종류를 구별하세요. (하나만 작성)

01	너의	_____	06	친근한	_____
02	자다	_____	07	심하게	_____
03	똑똑한	_____	08	엄마	_____
04	예쁜	_____	09	학생	_____
05	예쁘게	_____	10	먹다	_____

04 다음 제시된 단어의 종류를 구별하세요. (하나만 작성)

01	good	_____	06	apple	_____
02	happily	_____	07	happy	_____
03	swim	_____	08	radio	_____
04	wood	_____	09	they	_____
05	nice	_____	10	their	_____

Check up

C 문장의 종류

STEP 1 문장의 종류

- **1형식**: 주어 + 동사

  명+은/는/이/가

- **2형식**: 주어 + 동사 + <u>주격 보어</u>

  명/형

- **3형식**: 주어 + 동사 + <u>목적어</u>

  명+을/를

- **4형식**: 주어 + 동사 + <u>간접목적어</u> + <u>직접목적어</u>

  명+에게   명+을/를

- **5형식**: 주어 + 동사 + 목적어 + 목적격 보어

> **Tip!**
> - **주어**: 문장의 주인공
> - **보어**: 보충어
>   **ex) 주격보어**:
>   주어를 보충 설명

STEP 2 **문장의 구성**: 문장을 구성하는 단어의 역할

❶ **명사**: 주어, 목적어, 보어

❷ **동사**: 동사

❸ **형용사**: 보어, 명사 수식

❹ **부사**: 문장 구성 안 함. 명사를 제외하고 다 수식. 즉 문장에서 빠져도 구조가 흔들리지 않음.

★ 전치사 + 명사 = 부사

- **1형식**: A puppy sleeps.

  강아지/가 잔다.

- **2형식**: She is a student.

  그녀/는 학생/이다.

  Water is clear.

  물/은 맑(은)/ 다.

- **3형식**: The girl meets a boy.

  소녀/는 소년/을 만난다.

- **4형식**: Mother gives me a chocolate.

  엄마/는 나/에게 초콜렛/을 준다.

- **5형식**: I make him upset.

  나/는 그/를 화나게 만든다.

D 문장의 종류 심화

꠸ 암기가 필요하며 시험에 자주 나오는 형식별 동사들을 소개한다.

STEP 1 1형식 동사

❶ 1형식으로 쓰면 의미가 달라지는 동사

Anything will do.	do: 충분하다
It doesn't matter to me. cf. What's the matter with you?	matter: 중요하다 n. 문제
Every minute counts.	count: 중요하다
The rumor will tell on him.	tell: 영향을 끼치다
The medicine works well.	work: 효과가 있다, 작동하다, 일하다
This business doesn't pay at all.	pay: 수지가 맞다, 이익이 되다

❷ 전치사와 함께 의미가 달라지는 1형식 동사들

해석상 목적어가 필요할 것 같지만 전치사와 함께 사용하여 1형식을 유지하는 동사들.

자주 쓰이니 숙어처럼 기억해두자.

account for	설명하다, 차지하다	insist on	주장하다
adapt to	적응하다	interfere in	간섭하다
allow for	참작하다	interfere with	방해하다
answer for	책임지다, 보장하다	laugh at	비웃다
attend to	돌보다, 유의하다	lead to	이끌다, 주도하다
complain of /about	불평하다	look after	돌보다
conform to	따르다, 순응하다	look foward to	고대하다, 기다리다
count on	의지하다 , 의존하다	look for	찾다
rely on	의지하다 , 의존하다	object to	반대하다
resort to	의지하다 , 의존하다	operate on	수술하다
deal in	거래하다	participate in	참가하다
deal with	다루다	reply to	응답하다
experiment with	실험하다	결과 result from 원인	원인이다
go through	겪다, 살펴보다	원인 result in 결과	야기하다
graduate from	졸업하다	suffer from	(고통을) 겪다

05 **어법상 옳은 것을 고르고 잘못된 문장들은 바로잡고 전부 해석하세요.**

① When polite requests failed, he resorted in threats.

② Plastic bags account 12 percent of all marine debris.

③ Some villagers object the building of the new facility.

④ Every minute with her father counts on the girl.

06 **어법상 옳은 것을 고르고 잘못된 문장들은 바로잡고 전부 해석하세요.**

① They insisted wearing black to express their feeling of mourning.

② I hope they don't rely to a lawsuit to accomplish their goals.

③ The workers in the company object to pay more taxes.

④ These people should find ways of dealing with a fluctuating income.

07 **우리말을 영어로 가장 잘 옮긴 것을 찾고 잘못된 문장은 바로잡으세요.**

① 나는 부모님들에게 의존하는 것이 좋은 생각이라고 생각하지 않는다.

→ I don't think that it's a good idea to count to parents.

② 너는 공부에 전념하는 것이 좋을 것이다.

→ You had better attend to your study.

③ 살림 벌채는 세계의 자연적인 숲의 무려 80퍼센트나 되는 손상을 초래해왔다.

→ Deforestation has resulted from the loss of as much as eighty percent of the

natural forests of the world.

④ 그녀는 또 한 번의 이혼을 겪길 원하지 않는다.

→ She doesn't want to go for another divorce.

STEP 2 2형식 동사: 주어 + 동사 + 보어

❶ **감각동사**: look, smell, feel, sound, taste
❷ **상태동사**: become, grow, get, run, fall, come, turn ~되다
❸ **판단동사**: prove, turn out (to be) ~로 판명되다
❹ **의견동사**: seem, appear (to be) ~처럼 보이다, ~인 것 같다
❺ **지속성동사**: keep, remain, stay, continue ~인 채로 있다, 계속~이다

STEP 3 3형식 동사: 주어 + 동사 + 목적어

❶ **자동사로 혼동하기 쉬운 동사**

accompany(~와 동반하다), approach(~에 다가가다), become(~와 어울리다),
reach(~에 도달하다), equal(~와 같다), join, emphasize, discuss, contact,
marry, inhabit, enter, resemble 등

- I reached ~~to~~ the destination.
  나는 목적지에 도달했다.

- We discussed ~~about~~ the problem.
  우리는 그 문제에 대해 토론했다.

❷ **to부정사를 목적어로 사용하는 3형식 동사**

바람•소망	want, hope, wish, desire, expect, would like, care 등
결심•계획	choose, decide, determine, plan, promise 등
동의	agree, consent 등
제의	offer 등
요구	demand 등
거절	refuse 등
기타	ask, learn, afford, fail, manage, tend, pretend 등

- I planned to give her a present.
  나는 그녀에게 선물 하나를 줄 것을 계획했다.

- I decided to enter college.
  나는 대학에 입학할 것을 결심했다.

Check up

❸ 동명사를 목적어로 사용하는 3형식 동사

완료	finish, give up, quit, stop 등
회피	avoid, escape, miss 등
연기	postpone, delay, put off 등
반감	mind, dislike, detest 등
인정•부정	admit, acknowledge, deny 등
생각	consider, imagine, recall 등
기타	forgive, allow, enjoy, practice, understand, suggest 등

- I finished doing my homework.
  나는 숙제를 하는 것을 마쳤다.

- I avoided meeting him.
  나는 그를 만나는 것을 피했다.

❹ to부정사와 동명사를 모두 목적어로 사용하는 3형식 동사

■ 의미 차이가 거의 없는 경우

▶ begin, start, continue, intend, attempt 등

- I began to run.
= I began running.
  나는 달리기 시작했다.

■ 시제 및 의미 차이가 있는 경우

▶ like, love, prefer, hate to R : (지금) ~하기
▶ like, love, prefer, hate v-ing : (보통) ~하는 것을

- I hate to play basketball.
  나는 (지금) 농구하기 싫다.

- I hate playing basketball.
  나는 (보통) 농구하는 것을 싫어한다.

> ▶ remember, forget, regret to-v: 미래의 일 (~할 것을)
> ▶ remember, forget, regret –ing: 과거의 일 (~했던 것을)

• I remember seeing him before.
  나는 이전에 그를 봤었던 것을 기억한다.

• I regret being honest to you.
  나는 너에게 정직했던 것이 유감이다.

• I remember to see him tomorrow.
  나는 내일 그를 볼 것을 기억한다.

• I regret to have to do this.
  나는 이것을 해야만 하는 것이 유감이다.

▶ try to-v: ~하려고 애쓰다, 노력하다
▶ try –ing: 시험 삼아 ~ 해보다.

• She tried to understand his stance.
  그녀는 그의 입장을 이해하려고 노력했다.

• She tried moving the rocks.
  그녀는 바위를 옮기려고 시도해봤다.

▶ mean to-v: 의도하다
▶ mean –ing: 의미하다

• I didn't mean to bother you.
  나는 너를 괴롭힐 의도는 아니었다.

• Being an honest person means being a good person.
  정직한 사람이 된다는 것은 좋은 사람이 된다는 것을 의미한다.

▶ stop to-v: ~하기 위해 멈추다.
▶ stop –ing: ~을 그만두다.

• He stopped to smoke.
  담배를 피우기 위해 멈추다.

08 **어법상 옳은 것을 고르고 잘못된 문장들은 바로잡고 전부 해석하세요.**

① Korean apples taste wonderfully.

② I don't like to eating vegetables.

③ He proved to be an extraordinary young officer.

④ She gave up to listen to all the lectures.

09 **어법상 옳은 것을 고르고 잘못된 문장들은 바로잡고 전부 해석하세요.**

① The woman avoided to answer the detective's questions.

② He just finished to reading the article about the spacecraft.

③ We planned planting cabbages and carrots in our garden.

④ Men love to wonder, and that is the seed of science.

10 **어법상 옳은 것을 고르고 잘못된 문장들은 바로잡고 전부 해석하세요.**

① He decided sending an e-mail to his president.

② Would you mind to turn off the radio?

③ Paul didn't mean to lie to his mother.

④ Things only change when we want change them.

11 우리말을 영어로 가장 잘 옮긴 것을 찾고 잘못된 문장은 바로잡으세요.

① 상황이 힘들 때, 침착함과 이성을 유지하는 것을 기억해라.

→ When things are tough, remember remaining calm and rational.

② 나는 나의 할아버지로부터 많은 지혜의 말들을 들은 것을 기억한다.

→ I remember to hear many words of wisdom from my grandfather.

③ 인생의 목표를 가져라 - 그러고 나서 방아쇠를 당기는 것을 잊지 마라.

→ Have an aim in life - then don't forget pulling the trigger.

④ 나는 처음으로 이 음악을 들었던 것을 결코 잊지 않을 것이다.

→ I'll never forget hearing this music for the first music.

12 우리말을 영어로 가장 잘 옮긴 것을 찾고 잘못된 문장은 바로잡으세요.

① 저희는 여러분을 도와드릴 수 없다는 것을 말씀 드리게 되어 유감입니다.

→ We regret saying that we are unable to help you.

② 당신이 아닌 누군가가 되려고 노력하지 마라.

→ Don't try being someone that you are not.

③ 당신 주변 사람들에게 조금 더 친절해져 보아라.

→ Try being a little kinder to those around you.

④ 길가의 가판대에서 우리는 길을 물어보려고 멈췄다.

→ At a roadside stand we stopped asking for directions.

13 어법상 옳은 것을 고르고 잘못된 문장들은 바로잡고 전부 해석하세요.

① Rachel resembles with her mother rather than her father.

② The teacher emphasized about the importance of cooperation.

③ Do not avoid to take responsibility for your actions in any situation.

④ Many people put off going to the dentist because of their fear of treatment.

14 어법상 옳은 것을 고르고 잘못된 문장들은 바로잡고 전부 해석하세요.

① The club became popularly by word of mouth.

② We really have to discuss about this problem.

③ You must obey your senior officers.

④ Although it sounds strangely, it is quite true.

15 어법상 옳은 것을 고르고 잘못된 문장들은 바로잡고 전부 해석하세요.

① For a happier life, quit to live according to others' expectations.

② We couldn't stop to laugh because the comedy show was so funny.

③ Don't regret to make a wrong decision. Learn from it, move on, and don't look back!

④ Remember to go through the pockets before you put those trousers in the

washing machine.

⑤ 목적어 다음에 전치사가 따라오는 3형식 동사

■ 목적어 다음에 전치사 of가 오는 동사

통고·확신	inform, notify, advise, assure, convince, remind, warn, accuse, suspect 등
제거·박탈	rob, relieve, clear, deprive, strip, rid, disburden 등

- I informed him of her success.
  나는 그에게 그녀의 성공을 알렸다.

- They robbed the lady of her handbag.
  그들은 그 숙녀에게서 그녀의 핸드백을 강탈했다.

■ 목적어 다음에 전치사 with가 오는 동사

공급	provide, supply, fill, furnish, equip, present, endow 등 (~에게 /~을) cf. 사물이 먼저 나올 때는: 사물 for 사람
동작의 대상	compare, confuse, share, replace 등 (~을 /~와, ~으로)

- They provided the poor with food and clothes.
  그들은 가난한 사람들에게 음식과 옷을 제공했다.

- Don't confuse liberty with license.
  자유와 방종을 혼동하지 마라.

■ 목적어 다음에 전치사 for이 오는 동사

상벌	praise, compensate, scold, blame, punish, forgive, excuse, thank, mistake 등
교환	change, exchange, substitute 등

- She blamed him for lying again.
  그녀는 또다시 거짓말한 것에 대해서 그를 비난했다.

- My mom mistook sugar for the salt.
  나의 엄마는 설탕을 소금으로 잘못 봤다.

Check up

■ 목적어 다음에 전치사 **from**이 오는 동사

금지	prevent, keep, stop, prohibit, inhibit, ban, restrain, hinder, deter, dissuade 등
구별	tell, distinguish 등

- He prohibited his daughter from going out after 10 p.m.
  그는 그의 딸이 10시 이후에 나가는 것을 금지했다.

- The heavy rain prevented us from going out.
  심한 비가 우리가 외출하는 것을 막았다.

■ 목적어 다음에 전치사 **as**가 오는 동사

regard /think of /view /look upon(간주하다, 여기다) treat, refer to 등

- The teacher always regards being late as absent.
  그 선생님은 항상 늦는 것을 결석으로 간주한다.

- She has thought of her beauty as a powerful weapon.
  그녀는 그녀의 아름다움을 강력한 무기로 여겨왔다.

■ 목적어 다음에 전치사 **to**가 오는 동사 (4형식 동사로 착각하기 쉬운 절대 3형식 동사)

이 동사들은 4형식 해석(~에게 ~을)이 자연스럽지만 구조상 3형식 동사이다. 예를 들어 explain은
4형식처럼 '~에게 ~을 설명하다'라는 해석이 어울리지만 전치사와 함께 구조적인 3형식을 유지한다.

explain, introduce, suggest /propose, confess, announce, owe, attribute, ascribe 등

- She owed her success to her father.
  그녀는 그녀의 성공을 아버지에게 빚졌다. (덕분이다)

- I explained the details of the accident to his parents.
  나는 그 사건의 세부사항을 그의 부모님들에게 설명했다.

  ※ 목적어 자리에 절이 올 때는 to+사람이 먼저 옵니다.

- The company announced <u>to</u> all the employees <u>that</u> this year's project would change.
  그 회사는 모든 직원들에게 올해의 프로젝트가 바뀔 것이라고 발표했다.

16 어법상 옳은 것을 고르고 잘못된 문장들은 바로잡고 전부 해석하세요.

① He changed the five dollar bill to five one-dollar bills.

② I hardly tell him with his brother.

③ Many people substitute beans from meat as a healthy alternative.

④ Last night I scolded my children for their rude behavior in front of the guest.

17 어법상 옳은 것을 고르고 잘못된 문장들은 바로잡고 전부 해석하세요.

① He explained to me the meaning of the sentence.

② All the cats looked the same, so I couldn't tell one of another.

③ Successful people prefer to treat fear for a motivating force.

④ He didn't admit giving money local politicians.

18 어법상 옳은 것을 고르고 잘못된 문장들은 바로잡고 전부 해석하세요.

① My job provides me with the opportunity to have an adventure every day.

② Two tall men robbed the bank for all the money.

③ What keeps satellites to falling out of the sky?

④ Taking a bath will relieve you from all the tension of the day.

19 **어법상 옳은 것을 고르고 잘못된 문장들은 바로잡고 전부 해석하세요.**

① She accused the CEO from her company of embezzlement.

② Doctors ascribed his quick recovery to his strong will to beat the illness.

③ Proverbs provide us of timeless wisdom, advice, warning, and encouragement.

④ The organization tried to prevent other people with harming an individual.

20 **어법상 옳은 것을 고르고 잘못된 문장들은 바로잡고 전부 해석하세요.**

① The program was designed to deter kids to watching TV too much.

② The fear of getting hurt didn't prevent him for engaging in reckless behaviors.

③ I think of life itself now from a wonderful play that I've written for my self.

④ We look upon leisure as a vital time for recharging one's batteries.

STEP 4 4형식: 주어 + 동사 + 간접목적어 + 직접목적어

❶ 4형식 문장을 3형식으로 바꾸기

표현의 다양성을 위해 4형식 문장을 3형식으로 전환해서도 많이 사용한다. 4형식 문장에서 간접목적어와 직접목적어의 위치를 바꾼 후 그 사이에 적절한 전치사를 넣으면 3형식이 되는데 전환을 직접 시키는 건 공무원 시험에 나오지 않기 때문에 전환 전이나, 전환 후의 문장을 잘 이해하는 것이 중요하다.

- I gave <u>her</u> <u>a gift</u>. (4형식)

- I gave <u>a gift</u> <u>to her</u>. (3형식)
  부사취급

4형식	주어 + 동사 + 간접목적어 + 직접목적어
3형식	주어 + 동사 + 직접목적어 + to/for/of + 간접목적어
전치사 to를 필요로 하는 동사	give, send, teach, tell, write, lend, say, show, pay, bring 등
전치사 for를 필요로 하는 동사	make, buy, get, order, leave, cook, find, build 등
전치사 of를 필요로 하는 동사	ask, inquire 등

- I teach her English.

- I teach English to her.
  나는 그녀에게 영어를 가르친다.

- He bought his sister a book.

- He bought a book for his sister.
  나는 그의 여동생에게 책 한 권을 사주었다.

- I asked him a question.

- I asked a question of him.
  나는 그에게 질문 하나를 했다.

Check up

② 3형식으로 바꿀 수 없는 4형식 동사

▶ cost, forgive, pardon, save, take, envy 등

- My teacher forgave his fault to him. (X)
- His effort saved time to me. (X)
→ My teacher forgave him his fault. (O)
→ His effort saved me time. (O)

STEP 5 5형식 동사: 주어 + 동사 + 목적어 + 목적보어

① 주어 + 동사 + 목적어 + to be 명사 /(to be) + 형용사

▶ call, make, name, keep 등

- He believed the stranger to be a god.
  그는 그 낯선 사람이 신이라고 믿었다.

- She found him (to be) dead.
  그녀는 그가 죽어있는 것을 발견했다.

② 주어 + 동사 + 목적어 + (to be /as) + 목적보어

▶ find, believe, think, suppose, guess, wish, know, presume, assume 등

- She found him (to be) dead.
  그녀는 그가 죽어있는 것을 발견했다.

- He believed the stranger to be a god.
  그는 그 낯선 사람이 신이라고 믿었다.

③ 주어 + 동사 + 목적어 + (to be /as) + 목적보어

▶ consider, elect, appoint 등

- They elected him to be president.
= They elected him as president.
= They elected him president.
  그들은 그를 대통령으로 선출했다.

E 형식에 따라 뜻이 달라지는 동사들

◢ 문장의 형식은 동사에 달려있는데 하나의 동사가 하나의 형식만을 맡는 것은 아니다.
맡는 형식에 따라서 해석이 크게 달라질 수 있으니 자주 쓰이는 동사들을 소개한다.

- He made some cookies. (v3. 만들다)
  그는 약간의 쿠키를 만들었다.

- I made him a cake. (v4. 만들어주다)
  나는 그에게 케이크를 만들어주었다.

- I made him a fool. (v5. 되게 하다)
  나는 그를 바보가 되게 했다.

- I bought a book. (v3. 사다)
  나는 책 한 권을 샀다.

- I bought him a bike. (v4. 사주다)
  나는 그에게 자전거 한 대를 사줬다.

- He runs fast. (v1. 달리다)
  그는 빠르게 달린다.

- We ran short of milk. (v2. 되다)
  우리는 우유가 부족해졌다.

- He runs a big company. (v3. 운영하다)
  그는 큰 회사를 운영한다.

- They communicate in English. (v1. 의사소통을 하다)
  그들은 영어로 의사소통을 한다.

- I communicated the notice to the students. (v3. 전달하다)
  나는 그 공지사항을 학생들에게 전달했다.

- He appeared on time. (v1. 나타나다)
  그는 제 시간에 나타났다.

- He appeared sad. (v2. ~처럼 보이다)
  그는 슬퍼 보였다.

Check up

- I just get to the station. (v1. 도달하다)
  나는 방금 역에 도달(도착)했다.

- It's getting dark. (v2. 되다)
  어두워지고 있다.

- I got a MP3 player from him. (v3. 얻다)
  나는 MP3 플레이어를 그를 통해 얻었다.

- I will get him a ticket. (v4. 얻어 주다)
  나는 그에게 티켓 한 장을 얻어 줄 것이다.

- She got her hands dirty. (v5. 되게 하다)
  그녀는 그녀의 손을 더럽히게 됐다.

F 헷갈리기 쉬운 동사들

rise (vi)	떠오르다, 피어오르다, (해·달이) 뜨다, (물가·지위) 상승하다, 일어나다 (rise-rose-risen)
raise (vt)	(손, 물건을) 들어 올리다, 모금하다, 키우다, (봉급, 온도, 세금, 가격을) 올리다 (raise-raised-raised)
arise (vi)	(문제, 사건, 곤란 기회 등) 생기다, 일어나다 (arise-arose-arisen)

- Prices rise every year.
  물가는 매년 상승한다.

- She will raise her daughter with her new husband.
  그녀는 딸을 새로운 남편과 양육할 것이다.

- The problem arose yesterday.
  그 문제는 어제 발생했다.

sit (vi)	앉다, 세워져 있다 (sit-sat-sat)
seat (vt)	앉히다 (seat-seated-seated)

- She sat on an old chair.
  그녀는 오래된 의자 위에 앉았다.

- I seated the children in a sofa.
  나는 아이들을 소파에 앉혔다.

borrow (v3)	빌리다 (borrow-borrowed-borrowed)
lend (v4)	빌려주다 (lend-lent-lent)

- I borrowed the book from her. (o)

- I borrowed her the book. (x)
  나는 그녀로부터 그 책을 빌렸다.

- She lent me the book. (o)

- She lent the book to me. (o) 3형식으로 전환 가능
  그녀는 나에게 그 책을 빌려줬다.

lay (vt)	눕히다, 놓다, 쌓다, (알을) 낳다, 부과하다 (lay-laid-laid)
lie (vi)	눕다, 놓여 있다, 위치하다 (lie-lay-lain)
lie (vi. vt)	거짓말하다 (lie-lied-lied)

- The ducks lay an egg every day.
  그 오리들은 알 하나씩을 매일 낳는다.

- She lay on the floor last night.
  그녀는 어젯밤에 마루에 누웠다.

- I lie in bed quite long time in the morning.
  나는 아침에 꽤 오래 침대에 누워있는다.

- They all often lie to their teachers.
  그들 모두는 그들의 선생님들께 종종 거짓말을 한다.

Check up

find (v3)	발견하다, 깨닫다 (find-found-found)
found (v3)	설립하다, 세우다 (found-founded-founded)

- I found the secret place.
  나는 비밀 장소를 발견했다.

- They founded the school in 1978.
  그들은 그 학교를 1978년에 설립했다.

rob (v3)	rob A(사람·장소) of B(물건): A에게서 B를 강탈하다 (rob-robbed-robbed)
steal (v3)	steal A(물건) from B(사람·장소): B로부터 A를 훔치다 (steal-stole-stolen)

- The stranger robbed me <u>of</u> my smartphone.
  그 낯선 사람은 나에게서 스마트폰을 강탈했다.

- The stranger stole my smartphone <u>from</u> me.
  그 낯선 사람은 나로부터 스마트폰을 훔쳤다.

tell (v4,5)	말하다, 이야기하다
say (v3)	말하다
talk	(v1) 말하다, (v3) ~에 관해서 논하다
speak	(v1) 말하다, (v3) 언어를 구사하다

- He told me that he is the luckiest guy in the world.
  그는 나에게 그가 세상에서 가장 운이 좋은 남자라고 말했다.

- He often says that he is the luckiest guy in the world.
  그는 종종 그가 세상에서 가장 운이 좋은 남자라고 말한다.

- We talked about his delinquency.
  우리는 그의 비행에 대해서 이야기했다.

- He likes to speak of memories of his childhood.
  그는 그의 어린 시절 기억들에 대해서 이야기하는 것을 좋아한다.

- She speaks French fluently.
  그녀는 불어를 유창하게 한다.

Actual Test

❖ 단어와 문장의 이해 실전 독해연습

Actual Exercise 1   다음 주어진 문장의 형식을 따져보고 해석하세요.

01   Owing to the heavy rain, the river has risen by 120cm.

owing to ~때문에

02   China's imports of Russian oil skyrocketed by 36 percent in 2014.

skyrocket (v) 치솟다

03   The game industry must adapt to changing conditions in the marketplace.

04   Fountain pens first became commercially available about a hundred years ago.

fountain pen 만년필
commercially
(ad) 상업적으로
available (a) 이용 가능한

05   Salmons lay their eggs and die in freshwater although they live in salt water.

06   The World Health Organization views access to health care as a basic human right.

07   A lot of people criticize the airline industry for poor customer service and increased fees.

08 The Internet's technology itself prevents anyone from blocking the free flow of information.

09 At the time, the future for nuclear energy in the United States looked bright.

10 They also view marriage as a long-term commitment and agree on their aims and goals.

commitment (n) 헌신

Actual Exercise 2 다음 주어진 문장의 형식을 따져보고 해석하세요.

01 Initial decision-making and actions vary according to the nature and type of the incident.

02 All of us should come to realize our own potential as teachers.

03 Global warming has led to an increase in temperatures and sea levels, and much less polar ice.

sea level 해수면
polar ice 극빙

04 Native Americans have traditionally regarded the horse as a companion with common destiny.

companion (n) 동료

05 We are sorry to inform you there is a slight delay due to the inclement weather condition.

inclement
(a) (날씨가) 좋지 못한, 궂은

06 The innovative product provides students with the self-confidence to acquire knowledge on their own.

self-confidence
(n) 자신감

07 She approached me timidly from the farther end of the room, and trembling slightly, sat down beside me.

08 Physically, meditation can help alleviate some of the discomforts of cancer and the side effects of treatment.

alleviate
(v) 덜다, 완화시키다
discomfort
(n) 불안한 마음

09 The cold weather and the doctor's advice couldn't deter the grandmother from climbing up the mountain.

10 The campaign to eliminate pollution will prove futile unless it has the understanding and full cooperation of the public.

eliminate
(v) 제거하다, 없애다
futile (a) 덧없는, 소용없는

11 The modern diet with its softer foods, along with marvels of modern technologies such as forks, spoons and knives, has made the need for wisdom teeth nonexistent.

marvel (n) 경이로움

UNIT 2
2단계: 구(준동사)

A to부정사
B 동명사
C 분사

2단계 들어가기 전에...

2단계는 구입니다.
구는 두 개의 단어가 하나의 세트를 이루는 것을 말합니다.

여기서는 준동사로 구를 배울 것입니다. 따라서 **'2단계 = 준동사'**라고 보셔도 됩니다.

준동사는? 원래는 동사였지만 지금은 동사가 아닌 명사, 형용사, 부사의 역할을 합니다.

여기서 명사, 형용사, 부사의 역할을 한다는 것은 1단계에서 마찬가지로 명사라면 주어, 목적어, 보어자리, 형용사라면 명사수식, 부사라면 구성요소가 아닌 수식의 역할을 한다는 것을 의미한다는 것을 꼭 기억하세요.

UNIT 2 2단계: 구(준동사)

Check up

■ 동사를 다른 역할(명사, 형용사, 부사)로 활용하고 싶을 때 형태를 약간 바꿔서 그에 맞는 역할을 한다.
to부정사, 동명사, 분사가 여기에 해당되며 통칭하여 준동사라고 한다.

A to 부정사

STEP 1 **to부정사의 명사적 용법:** 명사처럼 문장에서 주어, 목적어, 보어의 역할을 한다.

❶ 주어 역할

- To study English is fun.
  영어를 공부하는 것은 재미있다.

❷ 보어 역할

- My plan is to call her today.
  나의 계획은 오늘 그녀에게 전화하는 것이다.

❸ 목적어 역할

- I decided to clean my room.
  나는 내 방을 청소할 것을 결심했다.

■ 진주어 가주어

주어 역할을 종종 하는 동명사와는 달리 2개의 단어로 구성된 to부정사는 서론이 길어지는 것을 선호하지 않기 때문에 보통 주어로 사용하지 않는다. 따라서 주어자리를 채워줄 it(가짜)주어)를 주어자리에 넣고 진(짜)주어인 to부정사는 문장 맨 뒤로 보낸다.

- To make a good plan is difficult.
  주어
- It is difficult to make a good plan.
  가주어   진주어

  좋은 계획을 짜는 것은 어렵다.

Check up

■ 진목적어 가목적어

5형식 문장에서 역시 to부정사로 인해 목적어가 길어져 목적보어와의 구분이 어려워지면 독해의 어려움이 있으므로 대개의 경우 가목적어 it을 배치하고 진목적어는 문장 뒤로 보낸다.

* Her intervention made <u>to make a plan</u> <u>harder.</u>
  (목적어)   (목적보어)

* Her intervention made <u>it</u> harder <u>to make a plan.</u>
  (가목적어)   (진목적어)

  그녀의 개입은 계획을 더욱 힘들게 만들었다.

■ 의문사+to부정사

의문사+to부정사의 형태로도 명사의 역할을 할 수 있다. (why는 이 구문으로 사용하지 않는다.)

what+to부정사	무엇을~(해야)할지
which+to부정사	어떤 것을~(해야)할지
how+to부정사	~하는 방법, 어떻게~(해야)할지
where+to부정사	어디에~(해야)할지
when+to부정사	언제~(해야)할지

* I don't know how to get there.
  나는 어떻게 거기에 가야할지 모른다.

* I tried to decide when to start.
  나는 언제 시작해야할지 결정하려고 노력했다.

01 어법상 옳은 것을 고르고 잘못된 문장들은 바로잡고 전부 해석하세요.

① Run for 10 kilometers is very difficult.

② She chose stay out of the game.

③ It is a difficult path to become a famous singer.

④ All of us agreed make rules for the game.

02 어법상 옳은 것을 고르고 잘못된 문장들은 바로잡고 전부 해석하세요.

① To climb steep hills require a slow pace at first.

② It is the beginning of wisdom conquer fear.

③ Her too much concern made hard to do the job right.

④ To work is one thing, and to make money is another.

03 **우리말을 영어로 가장 잘 옮긴 것을 찾고 잘못된 문장은 바로잡으세요.**

① 나는 그 파티에 뭘 입어야할지 결정 못하겠어.

→ I can't decide to wear what for the party.

② 공통의 관심사를 가진 새 친구를 만드는 것은 좋다.

→ To make new friends with common interests are nice.

③ 누군가를 완전히 믿는 것은 기쁨이다.

→ It's a delight trust somebody so completely.

④ Mark는 나에게 새 식기세척기 사용 방법을 보여주었다.

→ Mark showed me how to use the new washing machine.

04 **우리말을 영어로 가장 잘 옮긴 것을 찾고 잘못된 문장은 바로잡으세요.**

① 기동대는 건물로 다가가기 시작했다.

→ The police squad began to approach the building.

② 당신은 서로서로 협동하는 방법을 배워야한다.

→ You should learn how cooperating with each other.

③ Simpson씨는 당신에게 그 이벤트를 위해 무엇을 준비해야 하는지 설명해줄 것이다.

→ Mr. Simpson will explain to you what to preparing for the event.

④ 다른 이들과 새롭고 창의적인 아이디어를 공유하는 것은 아주 재미있다.

→ It is so much fun share new and creative ideas with others.

05 우리말을 영어로 가장 잘 옮긴 것을 찾고 잘못된 문장은 바로잡으세요.

① 의사의 가장 주된 임무는 해를 주지 않는 것이다.

→ The paramount duty of the physician is do no harm.

② 숲의 아름다움과 풍요로움 없는 삶을 상상하기란 어려울 것이다.

→ It would be difficult to imagine life without the beauty and richness of forests.

③ 우리는 자신을 희생하면서 어려운 사람을 돕는 것을 박애라 부른다.

→ We call philanthropy to help people in need at the sacrifice of oneself.

④ 두 가지 요소가 과학자들이 지구상에 있는 종의 개수를 밝히는 것을 어렵게 만들었다.

→ Two factors have made scientists difficult to determine the number of species on Earth.

Check up

STEP 2 **to부정사의 형용사적 용법:** 형용사처럼 명사를 꾸며준다.

① 항상 뒤에서 앞으로 꾸며준다.
② 미래적 의미를 가질 수 있다.
③ 필요한 경우 전치사를 써준다.

• I have some books <u>to read</u>.
  나는 읽을 약간의 책을 가지고 있다.

• Tom is not the man <u>to tell a lie to us</u>.
  Tom은 우리에게 거짓말을 할 사람이 아니다.

• They need friends <u>to play with</u>.
  그들은 함께 놀 친구들이 필요하다.

• I need something <u>to open the bottle with</u>.
  나는 병을 가지고 열 무언가를 필요로 한다.

cf. 꾸며줄 때 뒤에서 앞으로 꾸미는 경우는 길기 때문이다. 여기서 '길다'의 정의는 2단어 이상을
말하는데 to부정사는 항상 2단어 이상(to+동사원형)이기 때문에 항상 뒤에서 앞으로 꾸며준다.

STEP 3 **to부정사의 부사적 용법:** 부사처럼 문장의 핵심요소가 되지 않고 꾸며주는 역할만 한다.

■ ~하기 위해서

• I met her to give the book.
  나는 그 책을 주기 위해서 그녀를 만났다.

■ 무의지 동사: 앞에서 뒤로 해석 (wake up, grow up 등)

• He grew up to be a painter.
  그는 자라서 화가가 되었다.

■ 감정단어와 함께: 뒤에서 앞으로 해석

• I was surprised to see her on TV.
  나는 TV에서 그녀를 봐서 놀랐다.

06 다음 문장들은 해석하고 **to부정사**의 용법이 다른 문장 하나를 고르세요.

① He went to the station a few days ago to see off his friend.

② I am on a tight budget. I only have fifteen dollars to spend.

③ To put it in a nutshell, this is a waste of time.

④ You must do a thorough research to have a good result.

07 우리말을 영어로 가장 잘 옮긴 것을 찾고 잘못된 문장은 바로잡으세요.

① 종종 목장 노동자들은 말을 제외하고는 이야기할 사람도 없다.

→ Often the cowhand has no one to talk except horse.

② 나는 지난달에 처리해야 할 학교 및 친구 문제가 많았다.

→ I had a lot of school and friend issues to deal with last month.

③ 보관을 위해 의지할만한 적절한 사람들은 그 지역의 금세공인들이었다.

→ The logical people to turn for storage were the local goldsmiths.

④ 그는 빚을 갚으니 먹고 살아갈 수가 없게 되었다.

→ The payment of his debts left him nothing to live.

▌ to부정사 종합 문제

08 **우리말을 영어로 가장 잘 옮긴 것을 찾고 잘못된 문장은 바로잡으세요.**

① 감정을 표현하는 것이 당신의 정신 건강에 좋다.

→ Express feelings is good for your mental health.

② 제비들은 둥지를 만들기 위하여 자신들의 부리를 바늘처럼 사용한다.

→ To build their nests, swallows use their bills as needles.

③ 나는 포장해갈 음식을 기다리고 있다.

→ I am waiting for food to take.

④ 인간은 절대 실패자가 될 것을 계획하지 않는다; 그들은 단지 성공하기로 계획하는 것을 실패할 뿐이다.

→ Men never plan to be failures; they simply failing to plan to be successful.

09 **어법상 옳은 것을 고르고 잘못된 문장들은 바로잡고 전부 해석하세요.**

① I don't know what to say making her feel better.

② If you decide to achieve a certain task, to achieve it at all costs.

③ I expected to go to the amusement park this weekend.

④ Some people think wrong to share their feelings and worries with others.

B 동명사

(STEP 1) **동명사의 명사적 용법**

명사처럼 주어, 목적어, 보어자리에 올 수 있다. 명사적 용법의 to부정사와 바꿔 쓸 수 있으나 목적어
자리에는 동사에 따라 동명사 또는 to부정사가 결정된다.

■ **주어역할**

• Studying English is fun. (= To study English is fun.)
영어를 공부하는 것은 재미있다.

• Ignoring him is difficult. (= To ignore him is difficult.)
그를 무시하는 것은 어렵다.

■ **보어역할**

• My plan is calling her today. (= My plan is to call her today.)
나의 계획은 오늘 그녀에게 전화하는 것이다.

• My hobby is collecting stamps. (= My hobby is to collect stamps.)
나의 취미는 우표를 모으는 것이다.

■ **목적어역할**

• I denied lying.
나는 거짓말한 것을 부인했다.

• I enjoyed making fun of her.
나는 그녀를 놀리는 것을 즐겼다.

10 어법상 옳은 것을 고르고 잘못된 문장들은 바로잡고 전부 해석하세요.

① The members are considering to elect him to be their manager.

② Cram for an important exam is never a good idea.

③ The baby began crying as soon as his mother put him to bed.

④ My aunt didn't remember to meet her at the party yesterday.

11 어법상 옳은 것을 고르고 잘못된 문장들은 바로잡고 전부 해석하세요.

① The wise man pretended being dead before the bear.

② They put off planning their summer holiday.

③ I enjoy to watch quiz shows on TV at 9 p.m. on Mondays.

④ She imagined to be a mom after she gets married.

12 어법상 옳은 것을 고르고 잘못된 문장들은 바로잡고 전부 해석하세요.

① The goal in life for many people is to living as happily as possible.

② Play computer games is fun but unrewarding.

③ Some people avoid to wear seat belts in automobiles.

④ I hate to admit liking to dance in front of people.

C 분사

분사는 형용사역할을 하므로 명사를 꾸며준다. 단독으로 꾸밀 때는 형용사처럼 앞에서 뒤로 꾸미고
길어질 경우 뒤에서 앞으로 꾸민다.

분사	현재분사 → 원형 + ing → 능동의 뜻
	과거분사 → p. p. 형태 → 수동의 뜻

STEP 1 현재분사

- a dancing girl (단독 수식, 앞 - 뒤)
  춤추는 소녀

- a girl dancing on the floor (길어진 경우, 뒤 - 앞)
  마루에서 춤추는 소녀

STEP 2 과거분사

- the broken vase
  깨진 화병

- the vase broken by a girl
  한 소녀에 의해서 깨진 화병

◆ 분사로 감정 표현하기

짜증나고, 신나고, 등의 감정을 표현할 때 분사를 사용할 수 있는데요!
수동을 나타내는 과거분사(p.p.)를 쓸까요? 능동을 나타내는 현재분사(ing)를 쓸까요?

한번 생각해 볼까요?
제가 갑자기 하하하 웃다😄, 엉엉 울다😭, 버럭 화내면😡 이상하겠죠?
왤까요? 보통 감정의 변화는 외부의 요인에 '의해' 좌우되는 것이기 때문입니다.

좋아하는 그녀에게 난 그저 호구였단 사실에 '의해서' 우울하게 된 것이고
처음 산 로또에 당첨됐다는 사실에 '의해서' 흥분되는 것입니다.

I became <u>depressed</u>.
I am <u>excited</u>.

만약 현재분사로 쓰고 싶다면 어떻게 활용할 수 있을까요?

The news was depressing. (그 소식은 우울함을 일으키는 것이었다.)
The concert was exciting. (그 콘서트는 흥분을 일으켰다.)

그 소식 자체가 (능동적으로) 우울함을 일으키고, 콘서트 자제가 흥분을 불러일으키므로
현재분사를 써서 표현할 수 있겠죠?

물론 제가 위에 예문에서처럼 보어로만 사용하는 것이 아니라
depressed man, excited girl, depressing news, exciting concert 이런 식으로도
쓸 수 있을 것입니다.

그럼 주요 감정을 나타내는 동사를 소개해드릴게요~!

놀람	surprise(놀라게 하다), amaze /astonish(매우 놀라게 하다), frighten(겁먹게 만들다)
기쁨 · 만족	amuse(즐겁게 하다), delight /please(기쁘게 하다), satisfy(만족시키다)
당황	embarrass /puzzle /perplex /baffle(당황스럽게 하다), confuse(혼란시키다)
실망	disappoint(실망시키다), discourage /frustrate(좌절시키다)
기타	excite(흥분시키다), interest(흥미를 유발하다), impress(감명을 주다), move /touch(감동시키다), depress(우울하게하다), tire /exhaust(지치게 하다), bore(지루하게 하다)

13 괄호 안에서 어법에 맞는 표현을 고른 후, 해석하세요.

① The (confusing / confused) rule makes a lot of trouble.

② The (changing / changed) plan made them (confusing / confused).

③ I think she is (annoying / annoyed), because she interrupts me all the time.

④ I think she is (annoying / annoyed), because I spilled hot coffee on her.

⑤ The concert made the audience (exciting /excited).

⑥ She was (shocking / shocked) to see the body.

⑦ The news was (shocking / shocked).

⑧ The story is very (moving / moved).

⑨ He was very (moving / moved) to hear the story.

14 우리말을 영어로 가장 잘 옮긴 것을 찾고 잘못된 문장은 바로잡으세요.

① 이 클럽의 소유물인 고가의 책이 분실되었다.

→ An expensive book belongs to this club was lost.

② 그녀에게 보내진 선물이 아직 도착하지 않았다.

→ The present sent to her have not arrived yet.

③ 설거지를 하고 있는 여자는 노래를 부르고 있다.

→ The woman washed the dishes is singing songs.

④ 이것은 함께 걸어가는 커플의 사진이다.

→ This is a picture of a couple walking together.

15 우리말을 영어로 가장 잘 옮긴 것을 찾고 잘못된 문장은 바로잡으세요.

① 물에 빠진 사람은 지푸라기라도 붙잡을 것이다.

→ A drowned man will catch at a straw.

② 높은 굽이 항상 여성에게 국한된 패션 품목은 아니었다.

→ High hills were not always a fashion item limiting to women.

③ 지나가는 말로 들은 몇 마디가 나를 생각에 잠기게 했다.

→ A few words caught in passing sets me thinking.

④ 대회에 참가한 소녀는 역대 가장 어린 참가자였다.

→ The girl participating in the contest was the youngest participant ever.

16 어법상 옳은 것을 고르고 잘못된 문장들은 바로잡고 전부 해석하세요.

① High-fat foods are a source of the increasing obesity rate.

② Black pepper is one of the most widely using spices in the world.

③ The man boring from the long TV show went outside for fresh air.

④ The lecture on the economic history of Bosnia was very bored.

17 어법상 옳은 것을 고르고 잘못된 문장들은 바로잡고 전부 해석하세요.

① Lead is a naturally occurred toxic metal found in the Earth's crust.

② They easily lost things acquired with little effort.

③ In those days people wanted to safeguard their gold had two choices.

④ Daily meditation is a proving remedy for such dangerous spiritual lethargy.

18 어법상 옳은 것을 고르고 잘못된 문장들은 바로잡고 전부 해석하세요.

① The number of people used smart phones is at its highest.

② My badly damaging windows cost me a lot of money.

③ The plane delayed due to the heavy snow is preparing for departure.

④ Children scolding by their parents too often may grow up to be introspective.

Check up

준동사 역할에 따른 분류

표로 한눈에 보기!

1단계: 단어	2단계: 구(준동사)	하는 일
명사	= to부정사, 동명사	→ 주어, 목적어, 보어자리에 들어감.
형용사	= to부정사, 분사	→ 명사 수식
부사	= to부정사	→ 명사 빼고 다 수식, 문장 끝나고 올 수 있다.

STEP 1 명사적 용법

	공통점	차이점
to 부정사	명사의 역할 즉, 주어, 목적어, 보어자리에 들어갈 수 있다.	주어와 보어자리에는 아무거나 써도 되지만, 목적어자리는 앞에 있는 동사에 따라 동명사가 올지 to 부정사가 올지 결정된다.
동명사		

❶ 주어 역할

• To study English is fun. (o)
   영어를 공부하는 것은 재미있다.

• Studying English is fun. (o)
   영어를 공부하는 것은 재미있다.

❸ 목적어 역할

• I decided to study hard. (o)

• I decided studying hard. (x)
   나는 열심히 공부할 것을 결심했다.

• I enjoyed to meet people. (x)

• I enjoyed meeting people. (o)
   나는 사람들을 만나는 것을 즐겼다.

❷ 보어 역할

• My plan is to call her. (o)
   나의 계획은 그녀에게 전화를 거는 것이다.

• My plan is calling her. (o)
   나의 계획은 그녀에게 전화를 거는 것이다.

STEP 2 형용사적 용법

	공통점	차이점
to부정사	형용사의 역할 즉, 명사를 꾸며준다. 단독으로 꾸며주는 것이 아니라 구가 길어질 경우 (2단어 이상으로 구성) 뒤에서 앞으로 꾸민다.	'~할' 이라는 미래적 의미가 포함됨.
분사		현재 '하고 있는'이라는 능동의 의미일 땐 현재분사를, '된'이라는 수동의 의미일 땐 과거분사를 사용한다.

- a built house (단독 수식 앞→뒤)
  지어진 집

- a house built in the neighborhood (길어진 경우, 뒤→앞)
  동네에 지어진 집

- a house to be built in the neighborhood (길어진 경우, 뒤→앞)
  동네에 지어질 집

STEP 3 부사적 용법
- to부정사 파트 참조

Actual Test

❖ 준동사 실전 독해연습

Actual Exercise 1 다음 주어진 문장을 준동사에 유의하며 해석하세요.

01 Understanding a country's culture is bewildering and
    complex.

bewilder (v) 당황케 하다

02 I have not read today's newspaper yet. Is there anything
    interesting in it?

03 Due to his aggressive remarks, I resolved to turn down the
    offer.

remark (n) 발언

04 I am very careful with my money and I enjoy finding a
    bargain when I go shopping.

bargain
(n)싸게 사는 물건

05 He has played a leading role in various organizations of the
    U.N during the past 10 years.

06 She admitted conspiring with her lover to murder her
    husband.

conspire
(v) 음모를 꾸미다

07 Using a scent is a relatively recent marketing strategy
    adopted by many retailers.

08 The country is a small one with the three quarters of the
land surrounded by the sea.

surround (v) 둘러싸다

09 Good music played in the office inspires the workers and
changes the whole atmosphere.

atmosphere (n) 분위기

Actual Exercise 2 다음 주어진 문장에 쓰인 준동사에 유의하며
해석하세요.

01 The school will start a program designed to deter kids from
watching TV too much.

02 The corals are the foundation of an ecosystem increasingly
damaged by fishing nets.

fishing net 어망

03 Rumors published on the Internet now quickly become
"facts" regardless of their reliability.

reliability (n) 신뢰도

04 The failure is reminiscent of the problems surrounding the
causes of the fatal space shuttle disasters.

reminiscent
(a) 연상시키는

05 Making eye contact with the person speaking to you is
important in western countries.

06 The major threat to plants, animals, and people is the
    extremely toxic chemicals released into the air and water.

release

(v) 풀어주다, 방출시키다

07 Corporations manufacturing computers with toxic materials
    should arrange for their disposal.

manufacture

(v) 제조하다

08 You have to show a document proving your date of birth or
    a valid International Student Identity Card (ISIC) when buying
    your ticket and boarding the plane.

UNIT 3

3단계: 절

A 명사절을 이끄는 접속사
B 형용사절을 이끄는 접속사
C 부사절을 이끄는 접속사

3단계에 들어가기 전에...

절은 최소 한 개 이상의 문장 구성요소(주어, 목적어 등)와 동사로 구성된 것을 의미합니다.
절이 문장과 다른 점은 예를 들어 3형식의 경우
주어, 동사, 목적어를 다 갖추어야 문장 및 절이라 할 수 있지만

목적어나 주어가 빠진 불완전한 경우에는 문장이라 할 순 없어도 절이라고 할 순 있습니다.
불완전절과 완전절의 개념은 3단계에서 매우 중요하니 꼭 이해하고 넘어가세요.

• She ate. (불완전절)
• She ate a hamburger. (완전절, 문장)

3단계에서는 명사절, 형용사절, 부사절을 배울 건데

특히, **명사절, 형용사절, 부사절을 이끄는 접속사**들에 대해서 중점적으로 공부할 것입니다.

UNIT
3 3단계: 절

Check up

A 명사절을 이끄는 접속사

명사절은 접속사 자체도 해석이 되며, 접속사 뒤에 절이 온다.명사처럼 주어, 목적어, 보어의 역할을 한다.
◇ what, that, who, when,,, + 절 = 명사 → 통째로 주어, 목적어, 보어 자리에 들어감

STEP 1 that과 what

'~라는 것'이라고 해석되며, that 뒤에는 완전, what 뒤에는 불완전한 절이 온다.

- I decided that I would pass the exam. (목적어 역할)
  나는 내가 그 시험에 통과할 것이라고 결심했다.

- I decided to do what I want. (목적어 역할)
  나는 내가 원하는 것을 하기로 결심했다.

- That I have such a great ability is unbelievable. (주어 역할)
  내가 그런 대단한 능력을 가졌다는 것이 믿을 수 없다.

- Our plan is that we invite Tom. (보어 역할)
  우리의 계획은 우리가 Tom을 초대하는 것이다.

STEP 2 if와 whether

'인지 아닌지'라고 해석되며 둘 다 뒤에 완전한 문장이 온다. if는 '목적어'절에만 쓰인다.

- Nobody knows whether(if) he has power or not.
  누구도 그가 권력을 가졌는지 아닌지 모른다.

- If he is upset is important to me. (x)

- Whether he is upset is important to me. (o)
  그가 속상해하는지 아닌지가 나에게 중요하다.

STEP 3) 의문사절

이름에 현혹되지 말고 의문대명사, 의문형용사, 의문부사 모두 명사의 역할을 하는 명사절 접속사라는 것을 기억해서 활용해야 한다.

의문 대명사	의문 형용사	의문 부사
who (누가, 누구를)	whose (누구의)	when (언제)
which (어느 것)	which (어느~)	where (어디)
what (무엇)	what (어떤)	why (왜)
		how (얼마나, 어떻게)

• I wonder who is responsible for the problem.
  나는 누가 그 문제에 책임이 있는지 궁금하다.

• I wonder which part of the movie she likes in the movie.
  나는 어떤 부분을 그녀가 그 영화에서 좋아하는지 궁금하다.

• How many people will gather is our key concern.
  얼마나 많은 사람들이 모이게 될 지가 우리의 핵심 관심사이다.

• What color will be painted on the wall depends on his choice. (의문 형용사)
  어떤 색깔이 벽에 칠해지게 될 지가 그의 선택에 달려있다.

• What I wanted to eat didn't matter at all. (의문 대명사)
  무엇을 내가 먹기를 원했는 지는 전혀 중요하지 않았다.

01 어법상 옳은 것을 고르고 잘못된 문장은 바로잡고 해석하세요.

① What he helped Jane made her feel sorry for him.

② That made him happy was her letter.

③ She wants what he believes her.

④ I told her what I want from her.

02 어법상 옳은 것을 고르고 잘못된 문장은 바로잡고 해석하세요.

① I hope that you will wait for me.

② What she likes you is certain.

③ I wonder that she will finish the work by tonight.

④ The frog knew what vicious the scorpion was.

03 우리말을 영어로 가장 잘 옮긴 것을 찾고 잘못된 문장은 바로잡으세요.

① 왜 그가 갑자기 자리를 떠났는지는 미스터리다.

→ It is a mystery that he left his seat all of a sudden.

② 그것을 누가했든, 그것이 무엇이든지 간에 별로 상관없다.

→ It matters little who did it or how it was.

③ 이 질병이 치명적으로 판단될 일은 거의 없다.

→ It rarely happens that this disease proves fatal.

④ 당신이 성공할지 아닌지는 당신의 의지에 달려있다.

→ It depends on your will that you will succeed or not.

04 **어법상 옳은 것을 고르고 잘못된 문장은 바로잡고 해석하세요.**

① It is true whether health is above wealth.

② It's no wonder whether too much fast food can contribute to obesity.

③ It is not certain whether there are aliens out there.

④ It is important whether you do it yourself rather than rely on others.

05 **우리말을 영어로 가장 잘 옮긴 것을 찾고 잘못된 문장은 바로잡으세요.**

① 저쪽에 있는 사람이 누구인지 알겠니?

→ Can you tell who is this over there?

② 때때로 불운처럼 보이는 것이 그렇게 나쁘지 않을지도 모른다.

→ Sometimes what looks like bad luck may not be so bad.

③ 개미는 그들이 몇 걸음을 걸었는지를 기억할 수 있다.

→ Ants can remember how many steps have they taken.

④ 우주가 어떻게 시작되었는지는 명확히 설명될 수 없다.

→ How did the universe begin cannot be explained clearly.

06 우리말을 영어로 가장 잘 옮긴 것을 찾고 잘못된 문장은 바로잡으세요.

① 나는 이곳 주변에 가장 가까운 은행이 어디에 있는지 전혀 모른다.

→ I have no idea where the nearest bank is around here.

② 꿈을 기억하거나 그렇지 않은 것은 사람마다 다르다.

→ Whether or not do people remember dreams depend on the individual.

③ 네가 오늘 하는 일이 너의 미래 전체를 향상시킬 수 있다.

→ What do you do today can improve all your tomorrows.

④ 왜 당신이 당신의 목적을 달성하고 싶은지가 명확하고 논리적이어야 한다.

→ Why do you want to achieve your purpose should be clear and logical.

Actual Test

❖ 명사절을 이끄는 접속사 실전 독해연습

Actual Exercise 1 다음 문장에 쓰인 명사절을 확인하고 해석하세요.

01 The start of the boat tour was far from what I had expected.

02 Whether nuclear weapons actually prevent war is debatable.

debatable
(a) 논쟁의 여지가 있는

03 He wants to first find out what the students would like to do.

04 A useful function is that you can bookmark your favorite
    stories and listen to a personalized playlist.

05 What you need to do is to try not to eliminate these
    drawbacks.

drawback (n) 단점, 결점

06 That disparities between rich and poor are still too great is
    undeniable.

disparity (n) 격차, 차이
undeniable
(a) 부인할 수 없는

07 Whoever gossips to you will gossip about you.

gossip
(n) 험담, (v) 험담하다

08 Whatever is begun in anger ends in shame.

09 The government must clarify who owns what and what a property is worth.

clarify (v) 명확히 하다

10 Academic knowledge isn't always what leads you to make right decisions.

Actual Exercise 2 다음 문장에 쓰인 명사절을 확인하고 해석하세요.

01 It is usually important that your reader should understand the purpose behind your writing.

02 That a husband understands a wife does not mean they are necessarily compatible.

compatible
(a) 화합할 수 있는

03 What personality studies have shown is that openness to change declines with age.

openness (n) 개방성

04 She was noticeably upset by how indignantly he responded to her final question.

noticeably
(ad) 눈에 띄게
indignantly
(ad) 분개하여

05 How much she pays for her clothes or where she buys them does not interest her husband.

06 We know that new technologies will bring both dividends
and problems, especially human, social problems.

dividend (n) 배당금, 이익

07 It is just not true that economic growth benefits only the
rich and leaves out the poor.

benefit (v) 이익을 주다
leave out (v) 배제시키다

08 It is generally believed that primates first appeared on Earth
approximately 80 million years ago.

primate (n) 영장류

09 Men may wonder why women sacrifice their comfort over
oddly-shaped, elevated shoes.

elevate (v) 높이다

10 Maintaining and strengthening the relationship, rather than
"winning" the argument, should always be your first priority.

priority (n) 우선순위

B 형용사절을 이끄는 접속사

형용사절을 이끄는 접속사는 크게 관계대명사와 관계부사로 나뉜다. 명사를 뒤에서 앞으로 꾸민다.
명사절과는 달리 형용사절을 이끄는 접속사는 해석하지 않는다.

◇ who(m), that, which, when,,, + 절 = 형용사 → 통째로 명사를 뒤에서 앞으로 꾸밈

STEP 1 관계 대명사: 뒤에 불완전한 절이 온다

꾸며줄 명사	주격	소유격	목적격
사람	who	whose	who(m)
사물, 동물	which	whose of which	which
사람, 사물, 동물	that	x	that

★ 주격 관계대명사 뒤에는 주어가 빠진 절이 온다.
★ 소유격 관계대명사 뒤에는 관사가 빠진 명사로 시작하는 절이 온다.
★ 목적격 관계대명사 뒤에는 목적어가 빠진 절이 온다.

- Above all, I like the book <u>whose cover is colorful</u>.
  무엇보다도, 나는 표지가 다채로운 그 책을 좋아한다.

- She always carries the bag <u>which her boyfriend gave her</u>.
  그녀는 항상 그녀의 남자친구가 그녀에게 준 가방을 가지고 다닌다.

STEP 2 관계 부사 : 뒤에 완전한 절이 온다

꾸며줄 명사	격은 따로 없음	
장소	where	= at(on, in) which
시간	when	= at(on, in) which
이유	why	= for which
방법	how	= in which

- We arrived at the restaurant <u>where we had made a reservation</u>.
  우리는 우리가 예약했었던 그 식당에 도착했다.

- She recalled the day <u>when her daughter had been born</u>.
  그녀는 그녀의 딸이 태어났었던 날을 회상했다.

- I told him the reason <u>why(that) I was absent from school</u>.
  나는 그에게 내가 학교를 결석한 이유를 말해줬다.

07 어법상 옳은 것을 고르고 잘못된 문장은 바로잡고 해석하세요.

① You are the only one that I can rely on.

② I want to read the letter what he wrote me last year.

③ Tony is the man which sang on the stage last night.

④ The sport which I am most interested is soccer.

08 우리말을 영어로 가장 잘 옮긴 것을 찾고 잘못된 문장은 바로잡으세요.

① 당신이 먹는 음식은 분명히 당신의 몸의 수행능력에 영향을 미친다.

→ The foods what you eat obviously affect your body's performance.

② 수업 중에 볼펜을 딸깍거리는 학생들은 나를 매우 화나게 한다.

→ Students who click their ball-point pens in class drives me up the wall.

③ 나는 내가 어제 여기서 샀던 이 식탁보에 대한 환불을 받고 싶다.

→ I'd like to get a refund for this tablecloth what I bought here yesterday.

④ 내가 저지른 모든 실수에도 불구하고 그는 여전히 나를 신임했다.

→ Despite all the mistakes which I had made, he still trusted me.

09 우리말을 영어로 가장 잘 옮긴 것을 찾고 잘못된 문장은 바로잡으세요.

① Mind Tool은 학생의 작문 실력을 향상시켜주는 획기적인 상품이다.

→ Mind Tool is an innovative product in which improves student's writing skills.

② 나는 네가 어제 입고 있었던 코트보다 이 코트를 선호한다.

→ I prefer this coat to the coat which you were wearing yesterday.

③ 우리 몸의 면역 체계는 병을 유발하는 박테리아와 바이러스와 싸운다.

→ The immune system in our bodies fights the bacteria and viruses which causes

   diseases.

④ 우리가 가장 존경하는 선생님께서 지난달에 은퇴하셨다.

→ The teacher whose we respect most retired last month.

■ 명사절 접속사와 형용사절 접속사의 비교

하나의 접속사가 명사절과 형용사절 둘 다 이끌 수 있다. ❶차이점은 명사절을 이끄는 접속사는
해석을 하고, 형용사절을 이끄는 접속사는 해석을 안 한다. ❷명사절은 문장에서 주어, 목적어, 보
어의 역할을 하고 형용사절은 명사를 꾸며주는 역할을 한다는 점에서 다르다.

- I decided that I would pass the exam. (명사절_목적어 역할)
  나는 내가 그 시험에 통과할 것이라고 결심했다.

- There were some reasons that she didn't want to see him. (형용사절_reason을 꾸밈)
  그녀가 그를 보길 원하지 않는 몇몇의 이유가 있었다.

- I wonder whose camera this is. (명사절_목적어 역할)
  나는 이것이 누구의 카메라인지 궁금하다.

- Above all, I like the book whose cover is colorful. (형용사절_book을 꾸밈)
  무엇보다도, 나는 표지가 다채로운 그 책을 좋아한다.

- Which part of the movie she likes is my question. (명사절_주어 역할)
  그 영화의 어떤 부분을 그녀가 좋아하는지가 나의 질문이다.

- She always carries a bag which her boyfriend gave her. (형용사절_bag을 꾸밈)
  그녀는 항상 그녀의 남자친구가 그녀에게 준 가방을 가지고 다닌다.

■ 접속사의 생략

❶ **명사절 접속사의 생략**: 타동사 think, believe, know, hope, say, expect 등의
   목적어로 쓰인 that절은 생략할 수 있다.

- She always thinks (that) he is kind.
  그녀는 항상 그가 친절하다고 생각한다.

- They believe (that) Monica will get the prize.
  그들은 Monica가 그 상을 받을 것이라고 믿는다.

- I hope (that) I will be able to meet my family.
  나는 내가 나의 가족을 만날 수 있게 될 것이라고 희망한다.

Check up

❷ **형용사절 접속사의 생략**: 목적어가 빠진 형용사절을 이끄는 접속사는 생략이 가능하다.

- The man (who(m)) I gave chocolate yesterday lives in my neighborhood.

    내가 어제 초콜릿을 준 남자는 나의 동네에 산다.

    - I went the building (that) he had built for 30 years.

        나는 그가 30년 동안 지었던 빌딩에 갔다.

    - I visited the town (that) she lives in.

        나는 그녀가 사는 마을을 방문했다.

| Tip! | the way를 how가 꾸며줄 때 둘 중 하나를 생략한다.

- This is the way how she has lived in this country. (x)
- This is the way she has lived in this country. (o)
- This is how she has lived in this country. (o)

    이것이 그녀가 이 국가에서 살아온 방식이다.

■ 삽입절

절 안에 별도로 '주어 + 동사'가 삽입될 수 있다.

   삽입절에 자주 쓰는 동사

      think, believe, know, say, suppose, expect, imagine, be sure 등

      - 해석은 주로 '~하기에'로 된다.

- I keep a letter (that ⟨I think⟩ is important.)

    나는 내가 생각하기에 중요한 편지 하나를 보관한다.

10 어법상 옳은 것을 고르고 잘못된 문장은 바로잡고 해석하세요.

① He asked me that book among them was my favorite.

② The book in which was my favorite is about to be sold.

③ She is wondering where he will go for a vacation.

④ The place which he went for vacation is New York.

11 우리말을 영어로 가장 잘 옮긴 것을 찾고 잘못된 문장은 바로잡으세요.

① 내가 본 흥미진진한 경기 중 하나는 2010년 월드컵 결승전이었다.

→ One of the exciting games I saw was the World Cup final in 2010.

② 그는 음악가들이 무료로 연습할 수 있는 공간을 만드는 것을 제안했다.

→ He proposed creating a space which musicians would be able to practice for free.

③ 인류학자들은 우리의 선조들이 언제 살았었는지 정확하게 알지는 못한다.

→ Anthropologists dont' know exactly when did our ancestors live.

④ 우리는 다른 사람들과 우리의 문제들을 의논해야 하는 사회적 동물들이다.

→ We are social animals need to discuss our problems with others.

12 **우리말을 영어로 가장 잘 옮긴 것을 찾고 잘못된 문장은 바로잡으세요.**

① 마녀의 힘은 필연적으로 그녀가 악마와 맺은 계약에서 왔다.

→ A witch's power necessarily came from the deal she made with the devil.

② 땀을 내는 오두막집은 수(Sioux)족 인디언들이 땀을 흘리는 의식을 하는 텐트이다.

→ A sweat lodge is a tent which Sioux Indians take a ritual sweat bath.

③ 그 실험실 테스트는 그렇지 않다면 알아채지 못할지도 모르는 문제점들을 확인하도록

　도와준다.

→ The lab test helps identify problems might otherwise go unnoticed.

④ 경찰은 날짜가 닳아서 읽을 수 없게 된 오래된 동전을 발견했다.

→ The police found an old coin which date had become worn and illegible.

◆ 접속사 기능 강화된 형용사절 접속사1

형용사절을 이끄는 접속사의 두 가지 용법이 있습니다.

한정적 용법
지금까지 배운 형용사와 같은 역할, 즉 형용사절 앞에 있는 명사를 꾸며주는 경우입니다.

계속적 용법
우리가 배운 것이 '형용사절을 이끄는 접속사'가 아니겠습니까? 접속이라는 것은 무언가를 이어준다는 것이지요. 따라서 계속적 용법은 형용사의 역할보다는 접속사의 기능이 강화된 것이라고 보면 됩니다. 계속적 용법은 관계사 앞에 comma(,)를 둬서 한정적 용법과 구별을 줍니다. 접속사(and 등)로 연결할 때처럼 해석은 앞에서부터 차례로 합니다.

· He went to borrow the book which his teacher had written. (한정적 용법)
  그는 그의 선생님이 쓴 책을 빌리기 위해 갔다.

· He went to borrow the book, which his teacher had written. (계속적 용법)
  그는 그 책을 빌리러 갔는데, 그것은 그의 선생님이 쓴 것이었다.

· He went for the book which was not in the library. (한정적 용법)
  그는 도서관에 없는 책을 위해 갔다.

· He went for the book, which was not in the library. (계속적 용법)
  그는 그 책을 위해 갔는데, 도서관에 없었다.

◆ 접속사 기능 강화된 형용사절 접속사2

앞서 말했듯이 접속사이기 때문에 문장과 문장을 연결하는 역할을 기본적으로 합니다.

· He has a lot of friends, many of them are teachers. (x)

· He has a lot of friends, many of whom are teachers. (o)

첫 번째 문장은 두 개의 문장을 연결해주는 접속사가 없기 때문에 잘못된 문장입니다. 다른 접속사를 사용해서 문장을 연결해줄 수도 있지만 두 번째 문장처럼 형용사절 접속사를 이용해서 연결해줄 수도 있습니다.

13 우리말을 영어로 가장 잘 옮긴 것을 찾고 잘못된 문장은 바로잡으세요.

① 나는 어제 구내식당에서 너를 안다고 말하는 한 학생을 만났다.

→ I met a student yesterday in the cafeteria who said she knew you.

② 콜라비는 배추 속의 일원인데, 이것은 또한 브로콜리와 양배추를 포함한다.

→ Kohlrabi is a member of Brassica, in which also includes broccoli and cabbage.

③ 진단을 내리기 전에 당신의 의사가 배제할 몇 가지 질병들이 있습니다.

→ There are some diseases where your doctor will rule out before making a

   diagnosis.

④ 영어를 외국어로 학습하는 사람들은 영어 텍스트를 천천히 읽는 경향이 있다.

→ Those who learn English as a foreign language tends to read English texts

   slowly.

14 우리말을 영어로 가장 잘 옮긴 것을 찾고 잘못된 문장은 바로잡으세요.

① 그 빌딩은 화재로 전소되었는데, 화재의 원인은 확인되지 않았다.

→ The building was destroyed in a fire, its cause was never confirmed.

② 우리는 호텔까지 차를 몰고 갔는데, 그 호텔의 발코니에서 우리는 마을을 내려다 볼 수 있었다.

→ We drove on to the hotel, from whom balcony we could look down at the town.

③ 독서를 많이 한 사람들은 독서를 자주 하지 않은 사람들보다 더 높은 소득을 갖는 경향이 있었다.

→ People who read a lot tended to have higher incomes than people who didn't

   read often.

④ 그들이 10년간 살았던 집이 폭풍에 심하게 손상되었다.

→ The house which they had lived for 10 years was badly damaged by the storm.

Actual Test

❖ 형용사절을 이끄는 접속사 실전 독해연습

Actual Exercise 1 다음 문장에 쓰인 형용사절을 확인하고 해석하세요.

01 One recent modern invention is the computer, which has improved many aspects of people's lives.

aspect (n) 측면

02 Foreign food aid has led to a drastic reduction in the number of people who died of starvation.

starvation (n) 기아, 굶주림

03 They are the only ones whose brains are supple enough for the mental gymnastics required.

gymnastic (n) 체조, 단련

04 We were fortunate enough to visit the Grand Canyon, which has much beautiful landscape.

05 She was moving away from realistic copying of objects to things she perceived with her own eyes and mind.

06 Housewives came to count on certain brands of goods, which advertisers never allowed them to forget.

07 Before the creation of money, people used to exchange something they had for something they needed.

used to

(과거에) ~하곤 했다

Actual Exercise 2   다음 문장에 쓰인 형용사절을 확인하고 해석하세요.

01   Immunizations have eliminated altogether diseases that
     killed or severely disabled thousands of people every year.

Immunization
(n) 예방 접종

02   Such computerized lectures give students access to
     knowledge that was previously unavailable.

unavailable
(a) 이용할 수 없는

03   For instance, a sign posted at a fork in a trail which reads
     "Bear To The Right" can be understood in two ways.

fork (n) 분기점, 갈래

04   Climate change has narrowed the range where bumblebees
     are found in North America and Europe in recent decades.

narrow (v) 좁히다
bumblebee (n) 호박벌

05   Pessimism is a state of mind in which one anticipates
     undesirable outcomes or believes that the evil or hardships in life
     outweigh the good or luxuries.

anticipate (v) 예상하다
outweigh (v) 능가하다

06   This graph compares the percentages of male and female
     students in OECD countries who achieved various levels of
     reading proficiency at age 15.

proficiency
(n) 숙달, 능력

Check up

C 부사절을 이끄는 접속사

시간	이유	목적
when(~할 때), while(~하는 동안), once(일단 ~하면), the moment(~하는 바로 그 순간, ~하자마자), as soon as(~하자마자), before(~전에), after(~후에), since(~이래로), by the time(~할 때까지), every time(할 때마다) 등	because(왜냐하면, ~때문에), as/ since(~므로, ~이여서), now (that)(~이니까), in that(~라는 점에서) 등	so that 조동사(~하기 위해서), lest ~ (should) (~하지 않기 위해서), for fear (that) ~ (should) (~할까 두려워)
결과	**조건**	**양보**
so ~that /such ~that (너무~해서 그 결과~하다)	if(만약~한다면), unless(만약 ~하지 않는다면), in case(~한 경우에 대비해서), suppose (that)(만약~한다면), as long as(~하는 한), provided(=providing)(만약~한다면) 등	though /although /even if /even though (비록~라 할지라도), while /whereas(반면에), whether ~or not(~인지 아닌지), no matter +의문사(~일지라도) 등

STEP 1 시간의 부사절을 이끄는 접속사

- When I found him, I started to shout.
  내가 그를 발견했을 때, 나는 소리치기 시작했다.

- My parents took care of my son while I was on my business trip.
  나는 부모님은 나의 아들을 돌보셨다 /내가 출장 가있는 동안.

- Once you see her, you can't but be fascinated by her charm.
  일단 네가 그녀를 보면, 너는 그녀의 매력에 매혹되지 않을 수 없다.

- The moment I received the test paper, my head went blank.
  나는 시험지를 받자마자, 나의 머리는 하얘졌다.

- As soon as it stops raining, we will leave.
  비가 그치자마자, 우리는 떠날 것이다.

- After the plane circled the airport, it landed on the main runway.
  그 비행기는 공항 주변에 원을 그린 후에, 주 활주로로 착륙했다.

Check up

- The children read some stories before they went to bed.
  그 아이들은 몇몇의 이야기를 읽었다 /그들이 자러 가기 전에.

- You will be a totally different person by the time you finish military service.
  너는 완전히 다른 사람이 될 것이다 /네가 군대를 마칠 때까진.

- Every time I visited Korea, I went to N Seoul Tower.
  한국을 방문할 때마다, 나는 N 서울 타워에 갔다.

STEP 2 이유의 부사절을 이끄는 접속사

- We could have a good time because we met a fun boy.
  우리는 좋은 시간은 보낼 수 있었다 왜냐하면 우리는 재미난 소년을 만났기 때문에.

- As I am depressed, I don't want to go out.
  나는 우울해서, 외출하길 원하지 않는다.

- Since there was little water, I couldn't take a bath.
  물이 거의 없어서, 나는 목욕할 수 없었다.

- Now (that) you are here, I can't concentrate on my job.
  네가 여기 있으니까, 나는 나의 일에 집중할 수 없다.

- I am different from her in that she is really lazy.
  나는 그녀와 다르다/ 그녀가 정말 게으르다는 점에서.

STEP 3 목적의 부사절을 이끄는 접속사

- He saves money so that he can buy his own house.
  그는 돈을 저축한다/그 자신의 집을 살 수 있도록.

- He studied hard lest he (should) fail in the exam.
  그는 열심히 공부했다/ 시험에서 떨어지지 않도록.

- He studied hard for fear (that) he (should) fail in the exam.
  그는 열심히 공부했다/ 시험에 떨어질까 두려워.

STEP 4 결과의 부사절을 이끄는 접속사

- There is so much delicious food that I can't resist overeating.
  너무 맛있는 음식이 있어서 그 결과 나는 과식하는 것을 저항할 수 없다.

- It was such a big dog that I was afraid of it.
  그것은 너무 큰 개여서 그 결과 나는 그것이 두려웠다.

STEP 5 조건의 부사절을 이끄는 접속사

- If I come back home earlier, I will do it for you.
  만약 내가 집에 일찍 오면, 내가 너를 위해 그것을 할게.

- Unless he hates you, you can ask him for help.
  만약 그가 너를 싫어하지 않는다면, 너는 그에게 도움을 요청할 수 있어.

- As long as you work hard, you will succeed.
  네가 열심히 일하는 한, 너는 부유해질 거야.

STEP 6 양보의 부사절을 이끄는 접속사

- Although he is very rich, he rarely spends money.
  그가 매우 부유할지라도, 그는 좀처럼 돈을 쓰지 않는다.

- Even though his plan seems attractive, you should not rely on him.
  비록 그의 계획이 매력적으로 보이나, 너는 그에게 의존해서는 안 된다.

- While (Whereas) his sister is pretty, he is not handsome.
  그의 여자형제는 예쁜 반면에 그는 잘생기지 않았다.

- No matter how hard you try, you can never gain her heart.
  아무리 열심히 노력하든 간에, 너는 결코 그녀의 마음을 얻을 수 없다.

15 우리말을 영어로 가장 잘 옮긴 것을 찾고 잘못된 문장은 바로잡으세요.

① 나는 시간이 부족해서 시험을 끝낼 수 없었다.

→ I couldn't finish the exam because I run out of time.

② 당신이 바쁘지 않다면 나는 오늘 저녁에 당신 집에 들르겠다.

→ I'll drop by your place this evening unless you should not be busy.

③ 비록 그는 대학에 다니지 않았지만 매우 아는 것이 많은 사람이다.

→ Even though he didn't go to college, he is a very knowledgeable man.

④ 강도가 문을 열려고 할 때 경보장치가 울렸다.

→ The alarm went off but the burglar tried to open the door.

16 주어진 우리말을 영어로 가장 잘 옮긴 것은?

> 누가 엿들을까봐 그는 목소리를 낮추었다.

① He lowered his voice because he should be overheard.

② He lowered his voice for fear he should be overheard.

③ He lowered his voice but he should be overheard.

④ He lowered his voice provided he should be overheard.

17 우리말을 영어로 가장 잘 옮긴 것을 찾고 잘못된 문장은 바로잡으세요.

① 우리가 공항에 도착할 무렵, 비행기는 이미 이륙했다.

→ By the time we had arrived at the airport, the flight already took off.

② 그들은 물이 부족했으므로 가능한 적게 마셨다.

→ They were short of water, but they drank as little as possible.

③ 말투에서 알 수 있듯이 그는 제주 출신이다.

→ He comes from Jeju province, as you can tell from his accent.

④ 인간은 음식을 공유하는 반면에 원숭이는 먹는 문제를 스스로 해결한다.

→ Humans share food, because monkeys fend for themselves.

18 우리말을 영어로 가장 잘 옮긴 것을 찾고 잘못된 문장은 바로잡으세요.

① 무서운 영화를 좋아한다면 이것은 꼭 봐야 할 영화이다.

→ While you like scary movies, this is a must-see movie.

② 이 편지를 받는 대로 곧 본사로 와 주십시오.

→ Please come to the headquarters as soon as you receive this letter.

③ Tom은 너무 굳은 결심을 해서 그를 설득하려고 애쓰는 것은 소용이 없었다.

→ Tom made so firm a decision what it was no good trying to persuade him.

④ 당신이 아무리 열심히 노력해도, 당신은 그것을 수행할 수 없다.

→ Whatever hard you may try, you cannot carry it out.

19 **우리말을 영어로 가장 잘 옮긴 것을 찾고 잘못된 문장은 바로잡으세요.**

① 예산이 빡빡해서 나는 15달러밖에 쓸 수가 없다.

→ I am on a tight budget so that I have only fifteen dollars to spend.

② 실수가 생겼고, 상황이 바로 해결되지 않았기 때문에, 그는 사과해야만 했다.

→ Although mistakes were made and things just didn't work out, he had to apologize.

③ 네가 아무리 피곤하더라도, 그 프로젝트를 반드시 마무리해야한다.

→ How weary you may be, you must do the project.

④ 아무리 추워도 너는 자주 환기를 시켜주어야 한다.

→ No matter what cold it may be, you should let in some fresh air from time to time.

Actual Test

❖ 부사절을 이끄는 접속사 실전 독해연습

고난도 득점하기

■ 쓰임이 다양한 부사절 접속사 as

❶ (just) as ~, so~: 마치 ~하듯이 그렇게 ~하다
❷ 양태 접속사 as: ~처럼
❸ 비례의 접속사 as: ~함에 따라서
❹ 이유의 접속사 as: ~때문에
❺ 시간의 접속사 as: ~할 때
❻ 양보의 접속사 as: ~비록 ~일지라도 (양보의 뜻으로 사용될 때 일정어구를
　　　　　　　　　　　　　　　 as 앞으로 도치시킨다.)

★ 전치사 as: ~로써

Actual Exercise 1   다음 문장에 쓰인 부사절을 확인하고 해석하세요.

01 Poor as she is, she is honest and diligent.

02 As you grow older, you will come to realize the meaning of this
　　saying clearly.

saying (n) 속담

03 A strong wind blew my umbrella inside out as I was walking
　　home from school.

04 As he worked with the unruly elephants, he developed a deep
　　connection with them.

unruly (a) 다루기 힘든

05 Please refrain from smoking in the restaurant, as it disturbs
　　other people.

06 As difficult a task as it was, Linda did her best to complete it.

07 As a given animal population increases, the competition for available food and territory rises.

territory (n) 영토

08 The train arrived at my destination ten minutes early, which was perfect, as I was due to present my new idea to the company at 10 a.m.

Actual Exercise 2　다음 문장에 쓰인 부사절을 확인하고 해석하세요.

01 The drug dealer went to jail because he wasn't discreet about his activity.

02 Don't be surprised even if she suddenly bursts into tears.

03 I'll lend you with money provided you pay me back by Saturday.

04 Some people give up the moment an obstacle is placed in front of them.

05 Because we had nothing to eat left in the refrigerator, we had to eat out last night.

06 If you decide to move there, then you'll need a new driver's license.

07 My grandparents' wedding picture was so old that I could barely make out their faces.

08 His address at the luncheon meeting was so great that the entire audience appeared to support him.

address (n) 연설

09 While the eye sees at the surface, the ear tends to penetrate below the surface.

penetrate (v) 꿰뚫다

Actual Exercise 3 다음 문장에 쓰인 부사절을 확인하고 해석하세요.

01 Technology is developing so fast that the violations of privacy are ahead of the protections.

02 Frescoes are so familiar a feature of Italian churches that they are easy to take them for granted.

feature (n) 요소, 특징

take ~ for granted
당연시 여기다

03 Ordinary people are willing to buy six copies of the local paper because it has their name or picture in it.

ordinary (a) 보통의

be willing to
기꺼이 ~하다

04 Injuries sometimes occur when people do not take adequate carefulness with everyday activities.

adequate (a) 충분한

05 Through the ages, industrious individuals have continuously created conveniences to make life easier.

industrious (a) 부지런한

06 Other books were so dry and boring that many students fell behind from lack of interest.

07 This is different from all other markets in that people do not buy things here such as clothes, shoes, or cars.

08 As the flames approached him, he covered his mouth with a wet handkerchief in order not to breathe in the smoke.

09 Although many of us can't increase the working hours in the day, we can measurably increase our energy.

measurably
(ad) 어느 정도

10 Unless greenhouse gas emissions are tamed, the seas will keep rising as the ice sheets covering mountain ranges melt away.

tame (v) 길들이다
mountain range 산맥

Actual Test

Actual Exercise 1 다음 주어진 문장을 접속사에 유의하면서 해석하세요.

01 One basic question scientists have tried to answer is how
people learn.

02 The main reason I stopped smoking was that all my friends
had already stopped smoking.

03 One study found that children and adolescents who had
strong reading habits were more likely to be successful as
adults.

04 His exploits and brave resistance to white settlers opening
up the homelands have become legendary.

exploit (n) 업적

05 They are now able to sit down in front of a digital screen and
listen to a lecture being given at another university.

06 For centuries, people gazing at the sky after sunset could
see thousands of vibrant, sparking stars.

vibrant (a) 선명한, 활기찬

07 It is impossible to say how the idea first entered my brain;
but once conceived, it haunted me day and night.

conceive (v) (생각을) 품다

haunt

(v) 뇌리에 떠나지 않다

08 What you possess in this world will go to someone else when you die, but your personality will be yours forever.

09 Teaching is supposed to be a professional activity requiring long and complicated training as well as official certification.

certification (n) 자격증

10 The language which a man speaks is not an individual inheritance, but a social acquisition from the group in which he grows up.

inheritance
(n) 유산, 상속
acquisition (n) 습득(물)

Actual Exercise 2 다음 주어진 문장을 접속사에 유의하면서 해석하세요.

01 The idea is to break down the barriers between adolescent life and adult life, so that young people can ease into a world of responsibility.

02 No matter how many times the master played a piece to show how it should sound, his student failed to make any significant progress.

03 An ambiguous term is one which has more than a single meaning and whose context does not clearly indicate which meaning is intended.

ambiguous (a) 모호한
term (n) 용어

04 Although there are some similarities in the platforms of both candidates, the differences between them are wide.

platform (n) 공약

05 There's plenty of research that shows that people who work with the muscles above their neck create all kinds of stresses for themselves.

06 The New Babylonians recorded their observations so meticulously that they later could be used and supplemented by astronomers of other civilizations.

meticulously (ad) 꼼꼼하게
supplement (v) 보충하다

07 Those who donate to one or two charities seek evidence about what the charity is doing and whether it is really having a positive impact.

charity (n) 자선단체

08 Provided that there is only one level or there are ramps or elevators between levels, people with disabilities may need no assistance whatsoever in the workplace.

level (n) 층
ramp (n) 경사로

09 Studies show there can be a powerful perspective shift later in life when we come to understand that what we have always thought of as ownership is really just a long-term lease.

shift (n) 변화
lease (n) 대여, 임대

10 Although people who belong to the same age group differ in many other ways, they do tend to share a set of values and common cultural experiences that they carry throughout life.

◆ 동격

간단히 말해서 **동격**은 문장에 등장하는 **명사에 대한 추가설명**입니다.
추가설명을 해줄 명사와 <u>동등한 자격</u>을 가지고 있기 때문에 명사 파트에서 배우는 것입니다.

Goree는 Gorin에게 편지를 쓴다.

To Gorin
Gorin~ 나 어제 Tom을 만났는데,

이 상황에서 Gorin이 Tom을 기억 못 할 거라고 생각되는 경우

Gorin~ 나 어제 Tom, 나보단 못하지만 꽤 잘생긴 옆집 사는 남자, 을 만났는데···.

Tom = 나보단 못하지만 꽤 잘생긴 옆집 사는 남자

물론 한국어는 이런 식으로 표현하지 않지만,
영어에선 글을 쓸 때 이런 식으로 자주 동격을 많이 이용합니다.
동격은 명사에만 사용되는데 단어, 구, 절 각각을 이용해서 동격을 쓸 수가 있습니다.
위에 예로 든 것은 수식어를 모두 빼면 '남자'만 남으니, **'단어'**에 해당됩니다.
이제 본격적으로 배워보도록 하죠!

1 단어(명사)로 동격표시하기

동격을 표시할 명사 바로 뒤에 쉼표로 구별을 주고, 쉼표 다음에 보충설명해줄 단어를 삽입합니다.

- Terry, a cook, is very well-known.
  요리사인 Terry는 매우 유명하다.
- She, a beautiful girl, doesn't have a good personality. (O)
  아름다운 소녀인 그녀는 좋은 성격을 가지고 있지 않다.
- A beautiful girl, she, doesn't have a good personality. (X)
  (※ 명사와 대명사는 동격이 불가능하지만 대명사와 명사는 동격이 가능하다.)

2 구로 동격 표시하기

'구'로 동격을 표시하는 방법은 **to부정사**와 **of~ing**가 있습니다.

A to부정사 동격

의지가 포함된 명사 다음에 to부정사 동격

➡ ability, attempt, decision, desire, effort, plan, program, resolution, talent, reason, resolution, wish 등

- His ability to make others help each other led our team to win the prize.
  다른 사람들이 서로를 돕게 만드는 그의 능력은 우리의 팀이 상을 타도록 이끌었다.
- The reason to test him was that they had wanted to know his suitability for the project.
  그를 시험하는 이유는 그들이 그 프로젝트에 대한 그의 적합성을 알기를 원했기 때문이다.

B of 동명사 동격

단순한 사고나 판단 등의 명사 다음에 of + 동명사

➡ idea, hope, job, means, function, trouble, danger 등

- I have an idea of spending summer vacation efficiently.
  나는 여름휴가를 효과적으로 보내는 것에 대한 생각을 가지고 있다.
- He barely managed to avoid danger of being killed.
  그는 죽임을 당하는 것에 대한 위험을 가까스로 피하지 못했다.

C to부정사와 of + 동명사 둘 다 동격이 가능한 경우

➡ chance, aim, freedom, way, intention, necessity, responsibility, right,honor, tendency, intention 등

- I will fight for their freedom to work at the place which they want.
  = I will fight for their freedom of working at the place which they want.
  나는 그들이 원하는 곳에서 일할 자유를 위해 싸울 것이다.
- He suddenly recognized the responsibility to support his family.
  = He suddenly recognized the responsibility of supporting his family.
  그는 갑자기 그의 가족을 부양해야 한다는 책임감을 인지했다.

FAQ 형용사랑 동격은 뭐가 다른가요?

A: 형용사는 명사를 꾸며주는 것이지만 동격은 명사와 동일시되는 것입니다.

따라서, 동격은 품사로 따지면 같은 **명사**가 되는 것 입니다.

3 절로 동격표시하기

ability /attempt 을 제외한 대부분의 명사 다음에 that 완전절로 동격 표시가 가능합니다.

that절 뒤에 완전절이 나오면 명사절이라고 배웠던 것이 기억나시나요?

그렇다면 that절이 동격으로 쓰이는 것이 문법적으로 왜 맞는지 아시겠죠?

• He failed to understand the reason that people laughed.

그는 사람들이 웃은 이유를 이해하지 못했다.

• The news that he committed a crime was a shock to his family.

그가 범죄를 저질렀다는 소식은 그의 가족에게 충격이었다.

Actual Test

Actual Exercise 1   다음 주어진 문장을 동격에 유의하면서 해석하세요.

01 you have the right to remain silent.

02 She would be the last person to go along with the plan.

03 Tom, one of my best friends, was born in April 4th, 1985.

04 People appreciate the fact that fast food is fast and
    convenient.

appreciate

(V) 진가를 알아보다

05 My car, parked in front of the bank, was towed away for
    illegal parking.

06 The best way to find out if you can trust somebody is to
    trust that person.

07 Government plans to close the harbor provoked a storm of
    protest.

08 Hardy, a French shoe designer, says that shoes have a huge
    psychological impact.

Actual Exercise 2 다음 주어진 문장을 동격에 유의하면서 해석하세요.

01 I'd like to talk about some ways to make up with your
families after an argument.

02 The educational authorities have no measures to crack
down on illegal private tutoring by foreigners.

crack down on
엄중 단속하다
tutoring (n) 강습, 수업

03 She was a little vague but said something to the effect that
she would repay the loan very soon.

to the effect
~라는 의미의

04 Most people have simply trusted the government and
corporations to ensure the safety of the new product.

ensure (v) 보증하다

05 Robert J. Flaherty, a legendary documentary filmmaker,
tried to show how indigenous people gathered food.

indigenous (a) 토착의

06 A study by the USA's Northwestern University provides
biological evidence that people who are bilingual have a more
powerful brain.

bilingual
(a) 2개 국어로 말하는

UNIT 4
동사의 주요기능

A 시제
B 조동사
C 수동태

들어가기 전에...

시제, 태, 조동사는 모두 동사와 관련이 있습니다.
또한 시제와 태는 항상 동사에 동시에 표현되고 조동사는 선택적으로 사용됩니다.

다른 문법파트에서 배우는 것과는 다르게 어떤 시제를 사용하거나 조동사를 사용하느냐에 따라 해석의 차이만 있게 되는 경우 매우 빈번합니다.

따라서 이 파트는 문법 문제로 나오는 것이 어느 정도 정해져 있고 독해에 조금 더 중요하다고 말씀드릴 수 있습니다.

즉 이 파트는 문장의 구조보다는 해석상의 디테일을 살려주는 파트라고 볼 수 있습니다. 하지만 이러한 특징이 문법 문제로 이어지면 더욱 어려워질 수 있다는 점도 놓치지 말아야하는 부분입니다.

UNIT 4 동사의 주요기능

Check up

A 시제

■ 동작이나 상태의 시간적인 관계를 나타내는 것. 문장에서 시간적인 관계를 나타내기 위해서 동사의 형태를 변화시키거나 동사 앞에 조동사를 붙여 시제를 표현한다.

동사의 종류	구간+배경	배경	진행	구간+진행
	미래완료	미래	미래진행	미래완료진행
be 동사	will have been	will be	will be being	will have been being
일반동사 (예 live)	will have lived	will live	will be living	will have been living
	현재완료	현재	현재진행	현재완료진행
be 동사	have /has been	am /are /is	am /are /is being	have /has been being
일반동사 (예 live)	have /has lived	live /lives	am /are /is living	have /has been living
	과거완료	과거	과거진행	과거완료진행
be 동사	had been	was /were	was /were being	had been being
일반동사 (예: live)	had lived	lived	was /were living	had been living

▌ Tip! ▌

- **진행**: 동작의 연속, 한 동작이 연속으로 일어남. 한 행위에 집중함
  ex) 철수는 공부를 하고 있는 중이다. (공부하는 행위의 연속)
- **배경**: 주어에 대한 부가적인 설명.
  ex) 철수는 잘생겼다. (배경)
  ex) 철수는 못생긴 표정을 짓고 있는 중이다. (진행)
  ex) 철수는 평소에 피자를 즐겨먹는다. (배경)
  ex) 철수는 지금 피자를 먹고 있는 중이다. (진행)
- **구간:** 어느 한 시점에서 다른 한 시점에 이르기까지 지속되는 배경
  ex) 철수는 3년 전부터 (지금까지) 피아노를 배우고 있다.
  ex) 철수와 민수는 3년 동안 (3년 전부터 지금까지) 친구 사이이다.

Check up

→ 동사의 기본시제: 현재, 과거, 미래 (배경)

STEP 1 **현재**

배경이므로 현재의 사실, 습관, 일반적 사실이나 진리, 격언 등에 현재시제를 사용한다.

◆ 형태
- be동사: am, are, is
- 일반동사: 동사원형, 주어가 3인칭 단수일 때 동사원형 + s

- I am a student.
  나는 학생이다.

- I study English every day.
  나는 매일 영어를 공부한다.

- He reads so much.
  그는 독서를 많이 한다.

- Water consists of hydrogen and oxygen.
  물은 수소와 산소로 이루어졌다.

STEP 2 **과거**

배경이며 과거의 단순 사건을 나열할 때 사용한다.

◆ 형태
- be동사: was, were
- 일반동사: 동사의 과거형. 보통 동사에 ed를 붙여서 만든다. (부록의 불규칙 동사 변환표 참조)

- I was a student.
  나는 학생이었다.

- I once studied English every day.
  나는 한때 영어를 매일 공부했다.

- The war broke out in 1653.
  그 전쟁은 1653년에 발발했다.

- Columbus discovered America in 1492.
  콜럼버스는 1492년에 아메리카대륙을 발견했다.

STEP 3 **미래**

배경이며 의지가 담긴 미래, 막연한 미래 등을 표현할 때 사용한다.

◆ 형태
- be동사: will be
- 일반동사: will + 동사원형

- I will pass the exam.
  나는 시험에 통과할거야.

- I will interview the actor someday.
  나는 언젠가 그 배우를 인터뷰할거야.

Check up

■ 미래를 표현하는 여러 가지 방법 1

❶ **현재시제**: 주로 가까운 미래를 나타내는 부사(구)와 함께 쓰이며 오고(come), 가고(go), 출발·시작(start, begin, open), 도착·종료(arrive, return, end, finish) 등의 의미를 가진 동사들과 자주 쓰인다.

• The movie starts at 9p.m.
그 영화는 9시에 시작할 것이다.

❷ **현재진행시제**: 가까운 미래의 확정적인 일

• My grandparents are coming soon.
나의 조부모님들께서 곧 오실 것이다.

❸ **be going to**: 가까운 미래의 예측, 예정, 계획을 나타냄

• I'm going to go to Busan this summer.
나는 이번 여름에 부산에 갈 것이다.

❹ **미래 조동사 will**: 단순미래, 의지미래, 즉석에서 결정된 미래

• I will be an actor.
나는 배우가 될 것이다.(의지)

• A: We are out of milk!
우리 우유가 떨어졌어.

• B: I will buy some.
내가 좀 사올게.(즉석에서 결정)

• A: We are out of milk!
우리 우유가 떨어졌어.

• B: I know. I am going to buy some.
알아. 사오려고. (계획된 미래)

■ 미래를 표현하는 여러 가지 방법 2

❶ **be about to 동사원형**: 막 ~하려고 하다
- I'm about to go out with my mom.
  나는 막 엄마와 외출하려고 한다.

❷ **be due to 동사원형**: ~하기로 예정되어있다
- She is due to hand in her essay until tomorrow.
  그녀는 내일까지 에세이를 제출하기로 예정되어있다.

❸ **be to 용법 (미래)**: ~할 예정이다 (좀 더 공식적, 미디어 등에서 사용)
- The Seminar is to be held in March.
  세미나는 3월에 열릴 예정이다.

❹ **be supposed to 동사원형**: ~하기로 되어 있다
- She is supposed to meet him this afternoon.
  그녀는 이번 주 오후에 그를 만나기로 되어 있다.

❺ **be likely to 동사원형**: ~하기 쉽다, ~할 것 같다
- They are likely to adopt the child.
  그들은 그 아이를 입양할 것 같다.

01 어법상 <u>잘못된</u> 것을 골라 바로잡고 해석하세요.

① She was supposed to phone me last night, but she didn't.

② I am about to ride a bike.

③ I am going to go to the dance party today.

④ He is likely to investigating the problem anytime soon.

02 어법상 <u>잘못된</u> 것을 골라 바로잡고 해석하세요.

① If it will rain tomorrow, I'll just stay at home.

② Is he supposed to be here right now?

③ The birds are likely to come back to the nest.

④ He is taking a test today.

03 어법상 <u>잘못된</u> 것을 골라 바로잡고 해석하세요.

① The school bus arrives at 4 p.m.

② The baby is about to cry in a minute.

③ The package is supposed to arrive today.

④ I will go out if the rain stop.

➡ **동사의 진행시제: 현재진행, 과거진행, 미래진행 (진행)**

◆ 기본형태: be (현재, 과거, 미래형) + ing

STEP 4 **현재진행:** 진행이며 현재 한 동작의 연속을 강조하고 싶을 때 사용한다.

◆ 형태 : am/are/is + ing

· 부정문 : am/are/is not + ing

· 의문문 : Am/Are/Is 주어 ~ing?

• I am studying English now.
  나는 영어를 지금 공부하고 있는 중이다.

• They are having lunch.
  그들은 점심을 먹고 있는 중이다.

• She is crying loudly.
  그녀는 크게 울고 있는 중이다.

■ **현재진행시제와 현재시제의 비교**

• I study English every day.
  나는 공부를 매일 한다. (지금 당장하고 있는 것이 아닌 사실, 배경에 집중)

• I am studying English now.
  나는 지금 영어를 공부하고 있는 중이다. (지금 당장하고 있다는 진행에 집중)

• He is honest. He never tells a lie.
  그는 정직하다. 그는 결코 거짓말을 하지 않는다. (평소에 정직하다는 배경)

• He is being honest for now. But he usually lies.
  그는 지금은 정직하고 있다. 하지만 그는 보통은 거짓말을 한다. (현재 정직에 몰입하는 진행)

04 다음 주어진 문장에 쓰인 진행시제를 이해하며 해석하세요.

① It is raining so heavily right now.

② While I was studying, my brother was watching TV.

③ I will be visiting my grandparents when he takes an exam tomorrow.

④ While the elephants are sleeping, we are washing them.

⑤ We were riding our bikes when it started snowing.

⑥ When I arrived, the train was already leaving.

▌현재진행과 현재의 비교

05 다음 주어진 문장에서 어법에 맞는 표현을 고른 후, 해석하세요.

① I (look / am looking) for my glasses.

② He sometimes (runs / is running) for health.

③ She (runs /is running) toward the bus not to be late.

④ It (rains / is raining) when it is cloudy.

⑤ He sometimes (wakes up / is waking up) earlier than his parents.

⑥ Tina (enjoys / is enjoying) waking up late every Sunday.

다음 주어진 문장에서 어법에 맞는 표현을 고른 후, 해석하세요.

① Water (evaporates / is evaporating) and becomes a cloud.

② He (prepares / is preparing) to go out now.

③ You (are always / are always being) late for class.

④ I (am walking / walk) home every day.

⑤ She (looks / is looking) up to her father.

⑥ I (don't like / am not liking) to throw away trash on the street.

STEP 5 과거진행

진행이며 과거의 한 시점에 있었던 동작의 연속을 강조할 때 사용한다.

◆ 형태 : was/were + ing
· 부정문 : was/were not + ing
· 의문문 : Was/Were 주어 ~ing?

- When she called him, he was playing the piano.
  그녀가 그에게 전화했을 때, 그는 피아노를 치고 있는 중이었다.

- While he was playing the piano, she called him.
  그가 피아노를 치고 있는 동안, 그녀는 그에게 전화를 했다.

- While she was cooking, her son was sleeping.
  그녀가 요리를 하고 있는 동안, 그녀의 아들은 자고 있는 중이었다.

STEP 6 미래진행

진행이며 미래의 한 시점에 있을 동작의 연속을 강조할 때 사용한다.

◆ 형태 : will be + ing
· 부정문 : will not be + ing
· 의문문 : Will 주어 be ~ing?

- When we arrive at the town, it will be raining.
  우리가 마을에 도착할 때쯤, 비가 오고 있을 것이다.

- Around 3 p.m. tomorrow, I will be shopping at the department store.
  내일 세시쯤에, 나는 백화점에서 쇼핑하고 있을 것이다.

■ 시간과 조건의 부사절

시간과 조건의 부사절(when, while 등 (시간), if, unless 등 (조건))에서는 현재시제로 미래를 대신한다.

- When we ~~will~~ arrive at the town, it will be raining.
  우리가 마을에 도착할 때쯤, 비가 오고 있을 것이다.

- If I ~~will~~ meet him, I will tell him you say hello.
  그를 만나면, 그에게 너의 안부를 전할게.

07 다음 주어진 문장에 쓰인 시제에 유의하면서 해석하세요.

① I am running to the train station.

② I was running to the train station because I was late.

③ I will be running to the train station when it starts to rain.

④ He is being a liar for now because he is being threatened.

⑤ He is a liar because he never tells the truth.

08 다음 주어진 단어를 알맞은 형태로 바꿔서 써넣으세요.
(기본형과 진행형 둘 다 가능할 시 진행형으로)

① She _____ right now. (exercise)

② She _____ every day for her health. (exercise)

③ When it was freezing outside, she _____ to keep warm. (exercise)

④ If I feel that I am too fat, I _____ until I become skinny. (exercise)

⑤ I _____ my car when the meteor hit. (drive)

⑥ He _____ in his room when his parents were in an argument. (sleep)

09 다음 주어진 단어를 알맞은 형태로 바꿔서 써넣으세요.
(기본형과 진행형 둘 다 가능할 시 진행형으로)

① While my brother was studying, I _____ a novel. (read)

② Around 1 p.m. tomorrow, I _____ lunch with the president. (eat)

③ I _____ TV, so do not bother me. (watch)

④ I _____ TV when my parents came home. (watch)

⑤ My cat _____ whenever I touch his belly. (purr)

⑥ When you call me tomorrow, I _____ the dishes. (wash)

⑦ Which soap did you use when you _____ the dishes? (wash)

➡ 동사의 완료시제: 현재완료, 과거완료, 미래완료

◆ 기본형태 : have (현재, 과거, 미래형) + p.p.

STEP 7 현재완료

과거부터 현재까지 지속되는 구간이며 배경이다. 기본 현재시제에 과거 어느 시점부터 시작되는 **구간**이 추가되었다고 보면 된다.

◆ 형태 : have/has + p.p.
  · 부정문 : have/has not + p.p.
  · 의문문 : Have/Has 주어 p.p.~?

■ 현재완료의 추가 용법들

❶ **계속**: 과거부터 지금까지 계속된다. (for, since, 등과 함께)

• He has lived in Seoul since 2011.
  2011년 이래로, 그는 서울에 살아오고 있다.

❷ **경험**: 살면서 ~해본 적이 있다. (ever, never, before, once, twice 등과 함께)

• I have never been to Jeju Island.
  나는 제주도에 가본 적이 없다.

• I have been to New York on business three times.
  나는 뉴욕에 사업차 세 번 가봤다.

❸ **완료**: (이미, 방금, 막) ~해 버렸다. (already, yet, just 등과 함께)

• I have already quit my job.
  나는 방금 내 직장을 그만뒀다.

• They have just arrived at the airport.
  그들은 막 공항에 도착했다.

❹ **결과**: 과거에 종료됐지만 지금까지 영향을 미칠 때

• He has hurt his leg, so he can't walk.
  그는 다리를 다쳐서 (지금까지) 걷지 못한다.

  ★ 참고

have(has) been: 가본 적이 있다.

have(has) gone: 가버렸다.

10 **다음 주어진 문장들을 시제에 유의하면서 해석하세요.**

① She knows the truth.

② She has known the truth for a long time.

③ They met him yesterday.

④ They meet him at least once a week.

⑤ They have met him since 2000.

⑥ They have met him for 5 years.

⑦ Her daughter has obeyed her mother so far.

11 **다음 주어진 빈칸을 현재완료형으로 써서 채우고 어떤 용법인지 확인하세요.**

① I _____ for my parents twice. (cook)

② Aerim _____ her only shoes, so she walks barefoot. (lose)

③ After he died, he_____ at hell. (just, arrive)

④ I _____ all to him so far because I love him so much. (give)

⑤ We _____ a poor family. (just, visit)

⑥ I _____ to be an actor. (always, want)

⑦ My parents _____ outside of Korea. (never, travel)

⑧ Tom _____ his homework. (already finish)

⑨ They _____ their homework yet. (not, finish)

▌ 현재완료와 과거의 비교

12 다음 주어진 빈칸을 현재완료와 과거 중에서 적절한 시제로 채우세요.

① Jim _____ to France three times. (be)

② Jim _____ to France, so he is not here. (go)

③ It_____ two days ago, but it is snowing still. (snow)

④ He _____ too much, so he still can't recognize his parents. (drink)

⑤ It _____ for two days. (snow)

⑥ Jessica _____ to Tokyo in 1992, 1993 and 2001. (go)

⑦ Jessica_____ to Tokyo a few times. (be)

⑧ Juno_____ in this town in 2013, and he still lives here now. (live)

⑨ Juno_____in this town since 2013. (live)

⑩ He_____the Christmas party since he was sick. (not attend)

13 **다음 주어진 문장에서 밑줄 친 부분을 문법에 맞게 고치세요.**

① We <u>played</u> soccer together for 3 years.

② He <u>has been</u> honest when he was young.

③ I <u>went</u> to Mexico twice.

④ I <u>never see</u> such a giant baby before.

⑤ We <u>discuss</u> this issue since the clients complained.

⑥ Amy <u>tastes</u> Bordeaux wine before.

⑦ They <u>haven't finished</u> the work yesterday.

⑧ Brian <u>has already took</u> away all of my cards.

⑨ Have you ever <u>ate</u> at the Chinese restaurant before?

⑩ Have you <u>clean</u> your room yet?

STEP 8 **과거완료:** 대과거부터 과거까지 지속되는 **구간**이며 **배경**이다.

기본 과거시제에 대과거 어느 시점부터 시작되는 **구간**이 추가되었다고 보면 된다.

◆ 형태 : had + p.p.

· 부정문 : had not + p.p.

· 의문문 : Had 주어 p.p.~?

❶ **대과거**: 과거 이전 시제를 대과거라 한다.

구간이 아니고 단순 배경이지만 과거완료시제와 동일한 형태로 쓴다.

• I heard about you because you had been very popular in the school.
나는 너에 대해 들었다 왜냐하면 네가 학교에서 매우 인기 있었기 때문에.

• Yesterday, I received the present you had sent.
어제, 나는 네가 보냈었던 선물을 받았다.

• When she came home, she found that she had spent all the money.
그녀가 집에 왔을 때, 그녀는 모든 돈을 다 써버렸었다는 것을 알았다.

❷ **과거완료** : 대과거부터 과거까지의 구간

• He finally met her. They hadn't seen each other for ten years.
그는 마침내 그녀를 만났다. 그들은 (대과거부터 만나기 전까지) 십 년 동안 서로를 봐오지 못했었다.

• I didn't know that she had been there before.
나는 그녀가 거기에 있어 왔었는지 몰랐다.

• Three years had already passed, but she still heard nothing from her husband.
삼 년이 이미 지났었지만, 그녀는 여전히 그녀의 남편으로부터 소식을 듣지 못했다.

▌ 현재완료와 과거완료의 비교

14 다음 주어진 문장에서 어법에 맞는 표현을 고른 후, 해석하세요.

① He heard how much time she (had / has) spent with the sick baby.

② They (have / had) raised the cat for 5 years.

③ She (has / had) learned to swim since she came near being drowned.

④ I explained to her how they (have / had) decided to send a doctor for her.

⑤ They (have / had) kept the rules for 10 years.

⑥ She felt a little uneasy about the way she (has / had) reacted.

⑦ Kim looked peaceful because the pain (had / has) gone from her face.

⑧ She (had / has) made decisions by herself since her parents died.

⑨ They were not sure if Judy (has / had) played a part in the musical.

⑩ The ring that she (had / has) found cost 1000 dollar.

15 다음 주어진 문장에서 어법에 맞는 표현을 고른 후, 해석하세요.

① I_____my lunch when she left. (just, finish)

② She_____in Monaco for 4 years at that time. (live)

③ She_____with the cat for 10 years. (be)

④ He confessed what he_____in a drunken state. (do)

⑤ She_____honest since she was harshly scolded by her mom. (be)

⑥ She_____directions well so far. (take)

⑦ When I rushed to the airport, the last plane_____. (already, leave)

⑧ I was upset because he_____me once again. (deceive)

⑨ I came to realize that I _____my homework. (not, do)

⑩ She_____home every Sunday since the accident. (stay)

Check up

STEP 9 **미래완료:** 미래까지 지속되는 **구간**이며 배경이다. 기본 미래시제에 현재 어느 시점부터 시작되는 **구간**이 추가되었다고 보면 된다.

◆ 형태 : will have p.p.
  · 부정문 : will not have p.p.
  · 의문문 : Will 주어 have p.p.~?

• I will have been to Paris twice if I visit it this winter.
  나는 파리에 두 번 간 것이 될 것이다 / 만약 내가 이번 겨울에 방문한다면.

• They will have lived together for ten years next month.
  그들은 다음 달이면 십 년째 함께 살아온 것이 될 것이다.

• Sujin will have cleaned her room by the time you get back home.
  수진은 그녀의 방을 치웠을 것이다 / 네가 돌아올 때쯤.

• She will have come back before you leave home.
  그녀는 집에 돌아올 것이다 / 네가 집을 떠나기 전에.

16 다음 주어진 문장을 분석하고 해석하세요.

① The man will have already left by the time I arrive there.

② The birds will have migrated north by the afternoon.

③ I will have lived here for five years this Saturday.

④ By the time I finish writing a novel, I will have written over 300 pages.

⑤ I will have finished my assignment before 10 p.m.

⑥ He will have gone to Africa next month.

⑦ If I visit Korea next week, I will have been there three times.

⑧ Mr. Kim will have worked here for 20 years next week.

▌ 완료 시제 종합

17 다음 주어진 단어를 활용하고 완료시제를 사용하여 빈칸을 채우세요.

① She studied English harder though she _____ an A. (get, never)

② By the time his mom leaves the hospital, she _____ a baby.
(just, give birth to)

③ I bought an airplane ticket for Germany. I _____ for 3
months to buy it. (work)

④ Since I noticed him weird, I _____ meeting him. (avoid)

⑤ Tom quit his job. He _____ for 10 years. (work)

⑥ In 20 years, they _____ the museum. (build)

⑦ I _____ breakfast. (already, finish)

⑧ Since they _____, I didn't have to call them. (already, arrive)

⑨ _____she not _____ back yet? (come)

18 어법상 옳은 것을 고르고 잘못된 문장들은 바로잡고 전부 해석하세요.

① The movie had already started when we had arrived.

② By the 1700s curling became Scotland's national pastime.

③ Two hours from now, the hall will be empty. The concert will have ended.

④ He has graduated from college in three years.

Check up

➡ **동사의 완료진행시제: 현재완료진행, 과거완료진행, 미래완료진행**

◆ 기본형태: have(현재, 과거, 미래형) been + ing

STEP 10 **현재완료진행**

과거부터 현재까지 지속되는 구간이며 진행이다. 현재진행시제에 과거 어느 시점부터 시작되는 **구간**
이 추가되었다고 보면 된다.

◆ 형태 : have/has been + ing

• He has been studying English for an hour.
  그는 한 시간 전부터 지금 계속 영어를 공부하고 있는 중이다.

• I have been working for SamJung for ten years. (일해 온 것을 강조)
  나는 십 년 전부터 지금 계속 삼정에서 일해오고 있다.

STEP 11 **과거완료진행**

대과거부터 과거까지 지속되는 구간이며 진행이다. 과거진행시제에 대과거 어느 시점부터 시작되는
구간이 추가되었다고 보면 된다.

◆ 형태 : had been + ing

• I had been studying English for an hour before I took the exam.
  내가 시험을 보기 전 한 시간 동안 영어를 공부했었다.

• The police had been looking for the criminal for three years before they caught him.
  경찰관들은 그 범죄자를 잡기 전 삼 년 동안 그를 찾았었다.

STEP 12 **미래완료진행**

현재부터 미래까지 지속되는 구간이며 진행이다. 미래진행시제에 현재 어느 시점부터 시작되는 **구간**
이 추가되었다고 보면 된다.

◆ 형태 : will have been + ing

• I will have been studying English for an hour by 8 p.m.
  나는 8시까지 한 시간 동안 영어를 공부할 것이다.

• It will have been raining for a week if it rains until tomorrow.
  내일까지 비가 온다면 그걸로 일주일째 비가 오고 있을 것이다.

19 다음 괄호 안의 단어를 활용하여 적절한 완료진행시제 문장을 만드세요.

① Tom is busy today. He _____ his room all day. (clean)

② She _____ for your call for three hours. (wait)

③ My back _____ me, so I went to the hospital. (bother)

④ It _____ until last night. (rain)

⑤ Jane _____ for NASA for 15 years next month. (work)

⑥ It _____ since last night. (rain)

⑦ I _____ for TSL for 4 years. (work)

20 다음 괄호 안의 단어를 활용하여 적절한 완료진행시제 문장을 만드세요.

① He _____ until you call. (sleep)

② I _____ in the street for an hour when it started raining. (walk)

③ They _____ each other when I got there. (fight)

④ Jane _____ the computer game since this morning. (play)

⑤ It _____ continuously for a week tomorrow. (rain)

⑥ I _____ this problem by myself so far. (solve)

⑦ Minsu _____ TV since three days ago. (watch)

⑧ The teacher _____ for 10 years tomorrow. (teach)

▌완료 시제 총 종합

21 다음 주어진 빈칸을 주어진 단어를 활용하여 채우세요.

① _____ you _____ your chores yet? (finish)

② He practiced swimming harder since he _____ any faster. (get, never)

③ By next year I _____ from high school. (graduate)

④ Since I injured my leg, I _____ taking stairs. (avoid)

⑤ Since he _____, there was no use saving this cookie. (already, leave)

⑥ I have already _____ a birthday card for my grandfather. (write)

⑦ By the time we arrived at the airport, my brother _____. (just, arrive)

⑧ Tom quit performing the trumpet. He _____ for 10 years. (play)

⑨ I finally bought the speaker of my dreams. I _____ money for 10 months to buy it. (save)

⑩ By the time he arrives, we will all _____ eating our thanksgiving dinner. (finish)

⑪ The child _____ her eyes out for 2 hours until her mom came to pick her up. (cry)

⑫ I _____ the violin for 12 years until now. (play)

⑬ The bear _____ in the circus for 5 years next month. (perform)

⑭ The cook _____ his secret ingredient since last night. (work on)

⑮ Until he finds her, she _____ in the pouring rain. (stand)

◆ 시제 유의할 사항

A 시제 일치

*종속절을 포함한 문장의 경우 **'시제 일치'**라는 것을 염두에 둬야 되는데요.
시제일치라는 것은 특별히 규칙을 외우지 않아도 상식적인 선에서 생각하면 됩니다.
자 한번 연습해볼까요?

*종속절은 **명사절, 형용사절, 부사절**을 통틀어 말합니다. 보통 문장 안에서 접속사(that, what 등)와
그 접속사가 이끄는 **주어 + 동사~의 절을 하나의 종속절**이라고 합니다.

- **I think that he studies English.**
  ①   ②

우선 주절의 동사인 ①번은 현재 시제로 사용됐고, 종속절 동사인 ②번도 현재 시제로 사용됐습니다.

직역하면 '나는 생각한다 /그가 영어를 공부한다고'
내가 생각하는 것과 그가 영어를 공부하는 것 둘 다 '현재' 그럴 수 있죠? 문제가 없습니다.

- I think that he has studied English.
  나는 그가 영어를 공부해왔다고 생각한다.

- I think that he studied English.
  나는 그가 영어를 공부했다고 생각한다.

- I think that he will study English.
  나는 그가 영어를 공부할 것이라고 생각한다.

다 괜찮죠? 다만

- **I think that he had stuied English.**

이건 좀 그래요. 과거가 언급된 적도 없는데 대과거부터 나올 수는 없겠죠?

주절이 과거 시제인 상황을 따져보면
종속절은 과거 또는 과거완료 시제를 써야 한다는 것을 알 수 있을 것입니다.

- I thought that he studied English. (o)
  나는 그가 영어를 공부한다고 생각했다.

- I thought that he had studied English. (o)
  나는 그가 영어를 공부했었다고 생각했다.

- I thought that he will study English. (x)

- I thought that he would study English. (o)
  나는 그가 영어를 공부할 것이라고 생각했다.
  → 과거에서 바라본 미래는 이렇게!

■ 시제 일치의 예외

이것도 어찌 보면 *너무나도 당연한 이야기!*
종속절의 내용이 현재의 습관이나, 현재에도 미치는 사실이나, 불변의 진리일 경우에는 현재시제로,
종속절의 내용이 역사적 사실일 때는 항상 과거를 쓰고, 종속절이 비교를 나타낼 경우 전달하고자 하는
내용에 맞게 시제를 써주면 됩니다!

- He told me that she is tall. (현재에도 미치는 사실)
  그는 나에게 그녀가 키가 크다고 말했다.

- He learned that the earth goes around the sun. (불변의 진리)
  그는 지구가 태양주변을 돈다고 배웠다.

- He said that the second part of the Vietnam War began in 1954. (역사적 사실)
  그는 베트남 2차 전쟁이 1954년에 시작됐다고 말했다.

- He was then smarter than I am now. (비교)
  그는 그때 지금의 나보다 더 똑똑했다.

B 주의해야 할 과거완료시제 구문

A ① **Hardly(=Scarcely) had 주어 p.p when(=before) 주어 + 동사(과거): ~하자마자**

= ② **No sooner had 주어 p.p ~ than 주어 + 동사 (과거)**

= ③ **As soon as 주어 + 동사, 주어 + 동사** (시제 일치)

= ④ **The moment /The minute /The instant 주어 + 동사, 주어 + 동사** (시제 일치)

①,②,③,④번 모두 해석은 모두 '~하자마자'지만, 확인해야 하는 문법적 요소는 조금 다릅니다.
'~하자마자 ~를 했다'는 것은 결국 찰나의 순간이어도 순서가 있죠. 따라서 **대과거/과거**로 써야하지만
③,④번은 시간과 조건의 부사절이 사용됐기 때문에 과거/과거로 <u>시제를 일치</u>시켜줘도 괜찮습니다. 또한
①,②번은 둘 다 부정어(hardly, scarcely, no)가 문장 맨 앞에 사용됐기 때문에 도치가 일어납니다. (도
치 참고) 하지만 어디까지나 권장사항일 뿐 ①,②,③,④번 모두 과거로 일치하거나, <u>대과거/과거로 사용해
도 문법적 오류라고 보진 않습니다.</u>

- Scarcely had she seen the clerk when she started to ask lots of questions.
= No sooner had she seen the clerk than she started to ask lots of questions.
= As soon as she saw the clerk, she started to ask lots of questions.
= The moment she saw the clerk, she started to ask lots of questions.
     그녀는 그 점원을 보자마자, 그녀는 많은 질문을 하기 시작했다.

B **By the time 주어 + 동사 (과거), 주어 + 동사 (과거완료): ~때까지, ~쯤에는**
마찬가지로 내용상 과거 이전의 지속, 완료 등이 강조되면 과거완료를 써줍니다.
필수적인 것은 아니니 해석이나 뉘앙스에 맞게 적용하시면 됩니다.

- By the time we reached home, it was dark.
   우리가 집에 도착했을 때에는, 어두웠다.

- She had reached maturity by the time she was six-teen.
   그녀는 16살에 완전히 성숙했다.

C 과거완료의 예외

과거완료의 예외 역시 외우는 것이 아니죠!!

과거완료의 기본 형태는 **had + p.p.**로, 과거시제보다 기니깐

had를 슥 빼고 과거로 써도 듣는 사람 또는 읽는 사람이 잘 이해할 것 같다면

<u>과거시제</u>로 간단하게 쓰면 되겠죠?

반면에 의미를 분명히 해줘야 하거나 강조하고 싶다면 써주시면 되고용 😊

A 사건 발생 순서대로 쓰면 둘 다 과거시제로 쓴다.(어차피 뻔하니깐!)

- Linda bought me an expensive pair of pants and I lost it the next day.
  린다는 나에게 비싼 바지를 사줬고 나는 그것을 다음날 그것을 잃어버렸다.

B 시간과 조건의 부사절에서 전후 관계가 분명한 경우
   과거완료 대신 과거시제를 쓸 수 있다. (역시 뻔하니깐!)

- I brushed my teeth after I ate lunch.
  나는 점심을 먹은 후에 이를 닦았다.

Actual Test

❖ 시제 실전 독해연습

Actual Exercise 1   다음 문장에서 괄호 안에 알맞은 표현을 고르고
시제에 유의하여 해석하세요.

01 Jamie will learn from the book that World War I (breaks /
broke) out in 1914.

02 Hardly had she entered the house when someone (had
turned / turned) on the light.

03 I couldn't dream that I (was / am) able to pass the examination
at the first attempt.

04 My brother kept interrupting me while I (was / am) talking with
Jane on the phone.

05 In 2013, the average earnings of the store (decreased / has
decreased) 13% from the previous year.

06 By 1933, the number of unemployed worker (has / had)
reached about 13 million.

07 My father (will work / will have worked) at the post office for
20 years next week.

08 All the exhaustion that he (has / had) been feeling during the   exhaustion (n) 기진맥진
race disappeared.

09 Over the last years of traveling, I (have / had) observed how much we humans live in the past.

Actual Exercise 2 다음 문장에서 괄호 안에 알맞은 표현을 고르고 시제에 유의하여 해석하세요.

01 The development of modern government in England in general (had begun / began) with the Great Reform Act of 1832.

02 Since the mid-1970s, the average air temperature (has / had) risen by 1°C in the Himalayan region.

03 He (has / had) played a leading role in various organizations of the U.N. during the past 10 years.

04 In memory of Edward VII, who had just died, all visitors to the course (had appeared / appeared) in elegant black.

05 The oceans (have / was) risen by roughly 17 centimeters since 1900 through expansion and the ongoing melt down of polar ice.

expansion (n) 팽창

polar ice (n) 극빙

06 Many experts are concerned that Korean car exports to China (had been / have been) continuously decreasing since last year.

07 The space shuttle Challenger (had / has) just taken off for its tenth flight in January 1986 when it exploded in the air and killed all seven people inside.

08 Cherry buds at Changgyenggung Palace (was / are) about to open. A staff worker there has the opinion that they will full bloom by the end of next week.

Check up

B 조동사

◢ 조동사는 일반동사 앞에 놓여 동사의 의미에 능력, 의무, 추측, 가능, 습관 등의 뜻을 더해준다.
단독으로 동사의 역할은 할 수 없다.

■ 조동사의 특징

- 조동사 뒤에는 반드시 동사원형이 온다. (ex: will do (o), will does (x))

- 조동사가 있는 문장에서 의문문이나 부정문을 만들 때는 조동사 do를 사용하지 않고
  자체 조동사를 활용한다. (ex: will not (o), will do not (x))

- 조동사의 과거형이 항상 과거를 의미하는 것은 아니고 현재나 미래의 추측, 가능, 의향을
  표현 (희박한 가능성, 정중, 신중함의 표현)

■ 조동사의 종류

현재형	기본의미	과거형
can	할 수 있다	could
may	일지도 모른다	might
will	할 것이다	would
shall	~할까요	should
must	해야만 한다, 임에 틀림없다	
dare	감히~하다	dared
need	필요하다	

Check up

추측의 조동사

가능성의 정도에 따라 쓰이는 조동사가 다르며, 동사의 기본 기능인 부정이나 시제를 표현할 수 있다. 특히 **may의 과거형 might는 과거를 의미하는 것이 아니고 더 약한 추측을 나타낸다. 따라서 과거를 표현하는 방법이 다르다.** 또한 다른 역할과 중복되는 조동사도 있으므로 사용에 주의한다.

현재, 긍정	현재, 부정
• He is happy. (100%) 　그는 행복하다.	• He is not happy. 　그는 행복하지 않다.
• He must be happy. (약 80-90%) 　그는 행복함에 틀림 없다.	• He can't be happy. 　그는 행복할 리 없다.
• He may be happy. (약 60%) 　그는 행복할지도 모른다.	• He may not be happy. 　그는 행복하지 않을 수도 있다.
• He might be happy. (약 40%) 　그는 행복할지도 모른다.	• He might not be happy. 　그는 행복하지 않을 수도 있다.

과거, 긍정	과거, 부정
• He was happy. 　그는 행복했다.	• He was not happy. 　그는 행복하지 않았다.
• He must have been happy. 　그는 행복했었음에 틀림없다.	• He can't have been happy. 　그는 행복했을 리가 없다.
• He may have been happy. 　그는 행복했을지도 모른다.	• He may not have been happy. 　그는 행복하지 않았을지도 모른다.
• He might have been happy. 　그는 행복했을지도 모른다.	• He might not have been happy. 　그는 행복하지 않았을지도 모른다.

cf. 위에 적힌 %는 이해를 돕기 위한 수단일 뿐 정확한 기준은 아닙니다!

22 **우리말을 영어로 가장 잘 옮긴 것을 찾고 잘못된 문장은 바로잡으세요.**

① 내가 그녀의 셔츠에 물을 쏟았기 때문에 그녀는 화가 났었음에 틀림없다.

→ Because I spilt water on her shirt, she must be angry.

② 그녀는 40살일 리 없다. 그녀는 매우 어려 보인다.

→ She must not be forty. She looks very young.

③ 그는 학교에서 유명함에 틀림없다. 학교의 모든 사람이 그를 안다.

→ He must have been famous in the school. Everyone in school knows him.

④ 내가 그를 만났을 때, 그는 행복하지 않았을지도 모른다.

→ When I met him, he may not have been happy.

23 **우리말을 영어로 가장 잘 옮긴 것을 찾고 잘못된 문장은 바로잡으세요.**

① 그는 지난달에 불면증을 겪었을지도 모르겠다.

→ He may suffer from insomnia last month.

② 그는 불면증일 리 없다. 그는 잘 잔다.

→ He must not suffer from insomnia. He sleeps well.

③ 우리는 가장 친한 친구이기 때문에 Paul은 나에게 진실을 말할 것임에 틀림없다.

→ Paul must tell me the truth because we are best friends.

④ 어제 그녀가 그에게 거짓말을 했기 때문에 그는 화났었음에 틀림없다.

→ Since she lied to him yesterday, he must be angry.

24 우리말을 영어로 가장 잘 옮긴 것을 찾고 잘못된 문장은 바로잡으세요.

① 엄마가 집에 안계셨다. 남동생이 점심을 먹었을 리 없다.

→ Mom wasn't at home. My brother can't eat lunch.

② Jane은 항상 나를 방해한다. 그녀는 나를 싫어하는 게 틀림없다.

→ Jane always interrupts me. She can hate me.

③ 나는 Jack을 사랑했었을 지도 모르지만, 지금은 확실히 Nate를 사랑한다.

→ I might have loved Jack, but I do love Nate.

④ 그때 그녀가 울었을 리 없다. 나는 그녀가 우는 것을 본적이 없다.

→ She must not have cried then. I have never seen her crying before.

■ 추측의 조동사 과거와 현재의 의미 파악하기

25 다음 주어진 문장에서 어법에 맞는 표현을 고른 후, 해석하세요.

① An old man (may suffer / may have suffered) from heart disease.

② That old man (may suffer / may have suffered) from heart disease last year.

③ My dad (must be / must have been) angry when I shattered all the plates.

④ The car broke down. It (must be / must have been) overused by its owner.

⑤ She (may walk / may have walked) her dog. The dog had been indoors for too long.

⑥ Bob (must exercise / must have exercised) hard because he became skinny.

⑦ Where is my favorite sweater? My mother (may / can't) have thrown it away just because it seemed old.

⑧ I notice how quiet he is today. Today (may not be /may not have been) his best day.

26 다음 주어진 문장에서 어법에 맞는 표현을 고른 후, 해석하세요.

① He looked so excited. He (must have won / must win) the game.

② He hardly talks to me. He (may hate / may have hated) me.

③ He hardly talked to me when I was in school. He (might hate / might have hated) me.

④ He (must be stealing / must have stolen) my wallet. I saw him holding my wallet.

⑤ I saw him sneaking into my room alone. He (may be stealing / may have stolen) something right now.

⑥ Although my mom wakes me up in the morning, I (might have missed / may miss) the exam.

⑦ He is still sleeping in the bed. He (must have played / must play) a computer game whole night.

⑧ I (may lose / may have lost) this game. I didn't have time to practice enough yesterday.

⑨ I think something is wrong. The proper ingredients (may not / can't) have been used.

STEP 2 의무의 조동사

기본적으로 '해야만 한다'는 의무의 의미를 나타내며, 동사의 기본 기능인 부정이나 시제를 표현할 수 있다.

현재, 긍정	현재, 부정

• must> have to = ought to>should
  (~해야만 한다)
*여기서 '>' 는 의무의 강도를 나타냄
	• must not, ought not to, should not
	  (해서는 안 된다)
	• don't have to (할 필요가 없다)
	 = don't need to

과거, 긍정	과거, 부정

• had to, ought to have p.p.
  (했어야 했다)
• should have p.p.
  (했어야 했는데 안 했다)
	• didn't have to
	  (할 필요가 없었다)
	• shouldn't have p.p.
	  (하지 말았어야 했는데 했다)

- In the army, soldiers must always obey a command.
  군대에서 군인들은 명령에 항상 명령에 복종해야 한다.

- Because the store was open, we didn't have to go to another store.
  그 가게가 열었기 때문에, 우리는 다른 가게에 갈 필요가 없었다.

- You must not forget the document. It's very important.
  너는 그 문서를 잊어서는 안 된다. 그것은 매우 중요하다.

- You should have studied more for the test.
  너는 시험을 위해 더 공부를 했어야 했는데.

- There was nobody to help me. I had to do everything by myself.
  나를 도와줄 사람이 아무도 없었다. 나는 혼자서 모든 것을 해야 했다.

- Don't make so much noise. We must not wake your grandparents.
  너무 시끄럽게 하지 마. 우리는 너의 조부모님들을 깨워서는 안 돼.

- If she arrives on time, she will not have to wait.
  만약 그녀가 정시에 온다면, 그녀는 기다릴 필요가 없을 것이다.

- We should not have left early. My mom was so disappointed.
  우리는 일찍 떠나지 말았어야 했는데. 엄마께서 매우 실망하셨어.

27 **우리말을 영어로 가장 잘 옮긴 것을 찾고 잘못된 문장은 바로잡으세요.**

① 초록 단추를 눌러야 한다. 그렇지 않으면 작동하지 않을 것이다.

→ You have to press the green button; otherwise it won't work.

② Thomas는 더 일찍 사과했어야 했다.

→ Thomas must have apologized earlier.

③ 너의 꿈을 추구하기 위해 학위를 가져야 할 필요는 없다.

→ You should not have a degree to pursue your dream.

④ 너는 더 오래 머물고 싶을 지라도 지금 떠나야 한다.

→ You may leave now although you want to stay longer.

28 **우리말을 영어로 가장 잘 옮긴 것을 찾고 잘못된 문장은 바로잡으세요.**

① 너는 여름에 코트를 입을 필요가 없다.

→ You should not wear a coat in the summer.

② 너는 그녀가 집을 치우는 것을 도왔어야했는데. 그녀는 완전히 지쳤다.

→ You may have helped her to clean the house. She exhausted completely.

③ 그는 일찍 떠날 필요가 없었다. 그의 조부모님은 그가 더 오래 머물길 원했다.

→ He should have left early. His grandparents wanted him to stay longer.

④ 그녀가 중요한 정보를 가지고 있었기 때문에, 나는 그녀를 만나야만 했다.

→ Since she had important information, I had to meet her.

29 우리말을 영어로 가장 잘 옮긴 것을 찾고 잘못된 문장은 바로잡으세요.

① 나는 그를 놀리지 말았어야했는데, 그는 엄청 화가 났다.

→ I didn't have to make fun of him. He got very angry.

② 나는 소년 시절에 독서하는 버릇을 길러 놓았어야만 했다.

→ I ought to have formed a habit of reading in my boy hood.

③ 우리는 해가 지기 전에 그 도시에 도착해야 한다.

→ We may arrive in the city before the sun sets.

④ 현관 열쇠를 잃어버려서 안으로 들어가기 위해 나는 벽돌로 유리창을 깨야했다.

→ I'd lost my front door key, and I should smash a window by a brick to get in.

30 다음 주어진 단어를 활용하여 영작하세요.

① 너는 행복한 척할 필요가 없다.

→ _____ .
  (pretend)

② 나는 행복한 척할 필요가 없었다.

→ _____ .

③ 너는 음악을 들어서는 안 된다 수업 중에.

→ _____ .
  (in class)

④ 나는 제 시간에 이메일을 보냈어야 했는데 (못했다).

→ _____ .
  (on time)

⑤ 나는 내일까지 숙제를 해야 한다.

→ _____ .

⑥ 나는 숙제를 했어야 했었는데 (안했다).

→ _____ .

⑦ 너는 숙제를 할 필요가 없었다.

→ _____ .

31 다음 주어진 단어를 활용하여 영작하세요.

① 너는 컴퓨터 게임을 해서는 안 된다.

→ _____ .

② 너는 그 사진들을 우리에게 보여줄 필요가 없다.

→ _____ .
  (show, the pictures)

③ 너는 그 사람을 도와야만 한다.

→ _____ .

④ 나는 그에게 전화했어야 했는데 안 했다.

→ _____ .

⑤ 그녀는 늦지 말았어야 했는데 늦었다.

→ _____ .

⑥ 그는 부자인 척 할 필요가 없었다.

→ _____ .

⑦ 나는 그의 부탁을 들어줘야 했다.

→ _____ .
  (do, a favor)

STEP 3 had better과 would rather

❶ **had better 동사원형**: ~하는 게 더 낫다. (경고성 충고)

• You had better carry a handgun in this district.
   너는 이 구역에서는 권총을 소지하는 것이 더 낫다.

• You had better stay home tonight.
   너는 오늘밤 집에서 머무르는 것이 더 낫다.

❷ **would rather 동사원형 (than)**: 차라리 ~하겠다

• I would rather keep money in my pocket.
   나는 차라리 주머니에다 돈을 가지고 있겠다.

• I would rather study than do nothing.
   나는 아무것도 안 하느니 차라리 공부하겠다.

❸ **may / might as well 동사원형 (as)**: (다른 더 좋은 방법이 없으니) ~을 하겠다.

• I may(might) as well study in the library because it is noisy at home.
   나는 집이 시끄럽기 때문에 도서관에서 공부하겠다.

• I may(might) as well help her to do the dishes.
   나는 그녀가 설거지하는 것을 돕겠다.

• There is nobody at school today. You may(might) as well go home.
   오늘 학교에 아무도 없다. 너는 집에 가는 것이 낫겠다.

   ★ 과거형을 원할 땐 뒤에 have p.p를 붙여서 사용.

   ★ may(might) well 동사원형: ~하는 것은 당연하다

32 **우리말을 영어로 가장 잘 옮긴 것을 찾고 잘못된 문장은 바로잡으세요.**

① 너는 지금 가는 게 낫겠다, 그렇지 않으면 지각할거야.

→ You would rather go now or you will be late.

② 나는 채소를 먹을 바에는 차라리 굶겠다.

→ I had better starve than eat vegetables.

③ 그녀가 그녀의 아들이 Sally와 외출하게 하는 것은 당연하다.

→ She may well as allow her son to go out with Sally.

④ 집에 먹을 게 아무것도 없으니깐 우리는 저녁에 외식하는 것이 낫겠다.

→ We may as well eat out for dinner because there is nothing to eat at home.

33 **우리말을 영어로 가장 잘 옮긴 것을 찾고 잘못된 문장은 바로잡으세요.**

① 그는 주먹다짐을 할 바에야 타협하는 것이 낫다고 생각한다.

→ He would much rather make a compromise than fight with his fists.

② 그렇게 하느니 차라리 하지 않는 것이 좋다.

→ You would not rather do it at all than do it that way.

③ 너는 내일까지 출발을 연기하는 편이 좋겠다.

→ You'd better to delay your departure until tomorrow.

④ 당신이 그 기회를 이용하는 것은 당연하다.

→ You may well as take advantage of the opportunity.

STEP 4 used 시리즈

❶ used to 동사원형: ~하곤 했다 (과거의 규칙적 습관, 불규칙은 would사용)

- I used to go swimming every Saturday.
  나는 토요일마다 수영하러 가곤 했다.

- He used to have a motorcycle, but he sold it yesterday.
  그는 오토바이를 가졌었다 하지만 그것을 어제 팔았다.

❷ be used to 동사원형: ~하기 위해 사용되다

- The machine is used to help people.
  그 기계는 사람들을 돕기 위해 사용된다.

- A blender is used to turn fruit or vegetables into liquid.
  블렌더는 과일이나 야채를 액체로 바꾸기 위해 사용된다.

❸ be used to 명사 /동명사(ing): ~에 익숙하다 (=be accustomed to 명사 /동명사)

- I'm used to meeting new people.
  나는 새로운 사람들을 만나는데 익숙하다.

- The American is used to Korean culture.
  그 미국인은 한국 문화에 익숙하다.

34 우리말을 영어로 가장 잘 옮긴 것을 찾고 잘못된 문장은 바로잡으세요.

① 나는 아침에 일찍 일어나는데 익숙하다.

→ I am used to get up early in the morning.

② 그는 사고 후 왼손을 사용하는데 익숙해지고 있었다.

→ He was getting accustomed to use his left hand after the accident.

③ 그 나무은 오직 이 거리에서만 발견되곤 했다.

→ The tree used to be found only in this street.

④ 이 제품은 욕실을 청소하는데 사용된다.

→ This product used to clean the bathroom.

35 우리말을 영어로 가장 잘 옮긴 것을 찾고 잘못된 문장은 바로잡으세요.

① 그 돈은 아이들을 구하는데 사용될 것이다.

→ The money will be used to saving the children.

② 여름은 과거에 더 덥곤 했다.

→ Summer used to be hotter in the past.

③ 대부분의 일하는 사람들은 수행 목표를 세우고 진행하는데 익숙하다.

→ Most working people are used to set and pursue performance goals.

④ 그 담요들은 고양이들이 따뜻하게 유지하게 하기 위해서 사용됐다.

→ The blankets were used to keeping the cats warm.

36 우리말을 영어로 가장 잘 옮긴 것을 찾고 잘못된 문장은 바로잡으세요.

① 알람시계는 사람들을 깨우기 위해 사용된다.

→ An alarm clock is used to waking people up.

② 그 캐나다 사람은 매운 한국 음식을 먹는데 익숙하다.

→ The Canadian used to eating spicy korean food.

③ 나는 네가 농구선수였다는 것을 알지 못했다.

→ I didn't know that you used to be a basketball player.

④ 많은 사람들은 겨울에 코트를 입는 것에 익숙하다.

→ Many people used to wearing a coat in the winter.

◆ should의 특별 용법

A 이성적 판단의 형용사 또는 주장, 명령, 제안 동사 뒤에
that + 주어 + (should) + 동사원형이 오며 should는 생략 가능

특별용법이라고는 했지만 사실 특별할 것도 없습니다.
주장이나, 제안, 충고 같은 단어는 앞서 배운 의무의 조동사 should와 써야겠지요?
'~해야 한다고 주장했다, 제안했다, 충고했다'로 연결이 되니깐요. 그러다보니 should의 사용이
당연해지니 언어의 경제성의 원리에 의해 생략되곤 하는 것이랍니다.
먼저 예문을 보여드리고, 이해가 선행되어야할 주장, 명령, 제안 단어들을 표로 정리해드리겠습니다.

- He insisted that she (should) quit her job for a better salary.
  그는 그녀가 더 나은 봉급을 위해 직장을 그만둬야 한다고 주장했다.

- It is imperative that children (should) live with their parents.
  아이들이 부모님들과 함께 살아야 하는 것은 필수적이다.

- It was her suggestion that we all (should) deny having committed the crime.
  우리 모두가 그 범죄를 저질렀다는 것을 부인해야 한다는 것은 그녀의 제안이었다.

■ 이성적 판단 /주장, 명령, 제안을 나타내는 단어

동사	주장하다 요구하다 충고하다 제안하다	insist, urge 등 demand, request, require, ask 등 advise, recommend 등 suggest, propose, move 등
형용사	필수적인 긴급한 바람직한 적절한	necessary, essential, vital, imperative 등 urgent 등 advisable, desirable 등 important, natural, proper 등
명사		suggestion(제안), requirement(필요조건), recommendation(추천), order(명령), request(요청), instruction(지시) 등

■ 표에 있는 단어지만 (should)가 사용되지 않는 경우

같은 단어여도 한 뜻만 가지고 있는 것은 아니죠?

따라서 문장에서 주장, 명령, 제안의 의미로 쓰이지 않았다면 should와 쓸 이유가 없을 것입니다.

insist가 '사실을 주장'할 때나 suggest가 '암시하다'의 뜻일 때 이에 해당됩니다.

- He **insisted** that he **handed** in his report. (사실을 주장, 과거에 그랬다는 얘기)
  그는 과제를 냈다고 우겼다.

- The report **suggests** that women **like** chocolate more than men. (암시하다의 의미)
  그 보고서는 여자들이 남자들보다 더 초콜릿을 더 좋아한다는 것을 암시한다.

- Her action **suggests** that she **hates** me. (암시하다의 의미)
  그녀의 행동은 그가 나를 싫어한다는 것을 암시한다.

B 놀라움 유감을 나타내는 형용사와 함께

마찬가지의 이유입니다. 이 형용사들은 조동사 should와 아주 잘 어울리죠!

'It is 형용사 that + 주어 + should + 동사원형'의 구문을 이룹니다.

(이때의 should는 생략하지 않습니다)

■ 놀라움 유감을 나타내는 형용사

▶ strange, wonderful, curious, surprising, regrettable 등

- It is **strange** that he **should decide** to quit smoking.
  그가 담배를 끊기로 결정했다는 것은 이상하다.

- It is **regrettable** that he **should continue** to work with such a meager salary.
  그가 그런 별 볼일 없는 보수로 일을 계속한다는 것은 유감이다

37 **어법상 옳은 것을 고르고 잘못된 문장들은 바로잡고 전부 해석하세요.**

① He suggested that the new policy will be implemented for all workers.

② There was used to be a shop at the end of the street; it closed down a

few years ago.

③ We have to study hard to make up for lost time.

④ It is imperative that the school upgrades its cafeteria hygiene standards

as soon as possible.

38 **어법상 옳은 것을 고르고 잘못된 문장들은 바로잡고 전부 해석하세요.**

① Living in the buildings on his construction site, over 1000 workers was

used to sleep in one basement.

② The report suggests that women like chocolate more than men.

③ If your child wears contact lenses, it is critical that she stops wearing

them if she has an eye infection.

④ The minister insisted that a bridge is constructed over the river to solve

the traffic problem.

Actual Test

❖ 조동사 실전 독해연습

Actual Exercise 1 다음 주어진 문장을 분석하고 해석하세요.

01 My mom always tells me that I should not come home later than 10 o'clock.

02 She was out of pancake mix, so she had to make the batter from scratch.

03 If you leave later, you might have to take the next train.

04 You've probably experienced loss although you may not have understood it.

loss (n) 상실

05 Thousands of dolphins used to be killed in tuna fishing nets.

06 You don't have to be licensed in this state to carry a handgun.

07 They think that many ideas and decisions may well improve as time goes by.

08 You will never have to run for a plane or miss an appointment again.

09 My brother may have been elsewhere so he didn't experience the fear.

10 You might well be attracted to a more outgoing person.

11 I must work harder to make up for the results of my last term
    examination.

Actual Exercise 2 다음 주어진 문장을 분석하고 해석하세요.

01 Both adolescents and adults should be cognizant of the
    risks of second-hand smoking.

cognizant (a) 인식하는

02 These nymphs should have taken a further two years to
    emerge as adults, but in fact they took just one year.

nymph (n) 애벌레

03 Jason used to confide all his secrets to her because he
    believed she would never divulge them to other people.

divulge (v) 폭로하다

04 The lecture series are intended for those who are not used
    to dealing with financial issues.

05 Vaccines also wiped out smallpox, which 10 million people
    used to contract every year as late as the 1960s.

smallpox (n) 천연두
contract (v) 병에 걸리다

06 Slippery Jordan, the infamous pickpocket, was back at
    work, and every detective had to be especially vigilant.

detective (n) 형사, 탐정
vigilant (a) 바짝 경계하는

07 Even before Mr.Kay announced his movement to another company, the manager insisted that we begin advertising for a new accountant.

accountant (n) 회계사

08 Because Oriental ideas of woman's subordination to man prevailed in those days, she dared not meet with men on an equal basis.

idea (n) 사상
subordination (n)복종
those days 그 당시에

09 Measles used to infect about 4 million children per year, but in 1997, there were only 138 cases of measles in the United States.

measles (n) 홍역

10 Egypt has also reacted coolly to suggestions that European troops be stationed on the border between Gaza and Egypt to monitor activity in smugglers' tunnels.

station (v) 주둔시키다
smuggler (n) 밀수업자

Check up

C 수동태

▪ 문장의 주어가 행위를 능동적으로 하는 것이 아닌 동작의 영향을 받거나 당하는 것을 수동태라고 한다. 능동태 문장을 수동태를 전환할 경우 본래 목적어에 있던 명사가 주어가 된다.따라서 목적어가 있는 3,4,5형식만 전환이 가능하다.

STEP 1 형식별 수동태

❶ 3형식의 수동태

- 기본 형태: **주어 + be p.p. + (by 행위자)** ➡ 1형식이 된다!

- The room is cleaned by her. (현재, 수동)
  그 방은 그녀에 의해 치워진다.

- The window was broken by the kids. (과거, 수동)
  그 창문은 아이들에 의해 깨졌다.

❷ 4형식의 수동태

원칙적으로 4형식 문장은 목적어를 2개 가지기 때문에 각각의 목적어가 주어로 오는 수동태 문장이 2개씩 만들어질 수 있다. 하지만 어색한 경우는 사용하지 않는다.

기본 형태①	주어(원래 간·목) + be p.p. + 직접목적어 (by 행위자)
기본 형태②	주어(원래 직·목) + be p.p. + [전치사] + 간접목적어 (by 행위자)

→ 3형식이 된다!

- I asked ①her ②a personal question.
  → ① She was asked a personal question by me.
  → ② A personal question was asked of her by me.

★ **직접목적어가 주어가 되는 경우 전치사가 필요하다.**

전치사 선택 방법: 4형식 문장을 3형식으로 바꿀 때 쓰는 전치사를 써준다.

전치사 to를 필요로 하는 동사	give, lend, send, show, teach, write 등
전치사 for을 필요로 하는 동사	buy, make, get, cook, build, find, do 등
전치사 of를 필요로 하는 동사	ask 등

- A gift <u>was given</u> to me by my father.
  선물 하나가 나의 아버지에 의해서 나에게 주어졌다.

- The desk <u>was made</u> for me by my father.
  나는 선물 하나가 아버지에 의해서 주어졌다

■ 직접목적어만 수동태의 주어가 되는 동사

> **buy, find, bring, make, write 등**

위의 동사들의 간목이 주어로 온다면:

I was bought~ (나는 사졌다~)

I was brought~ (나는 가져와 졌다)

I was cooked~(나는 요리되었다~) 등 **매.우.어.색** 따라서 사용안함.

- French fries were made for me by my mom.
  감자튀김은 나에게(나를 위해) 엄마에 의해서 만들어졌다.

- The toys were bought for my sister by her grandmother.
  장난감들은 내 여자형제에게(여자형제를 위해) 그녀의 외할머니에 의해서 구매됐다.

❸ **5형식의 수동태**

- 기본 형태: **주어 + be p.p. + 목적보어 + (by 행위자)**

- The parents named the baby Guillaume.
→ The baby was named Guillaume by the parents.
  그 아기는 부모님들에 의해서 Guillaume이라고 이름 붙여졌다.

- He found his wife sick.
→ His wife was found sick by him.
  그의 아내는 그에 의해서 아프다는 것이 발견되었다.

❹ **준동사를 포함한 문장의 수동태**

■ to부정사나 동명사, 분사가 사용된 경우는 그대로 사용합니다.

- He allowed me to go out.
→ I was allowed to go out by him.
  나는 그에 의해서 외출하는 것이 허락되었다.

Check up

• The dentist let my tooth pulled.

→ My tooth let pulled by the dentist.

　나의 이는 그 치과의사에 의해서 뽑혀지게 되었다.

■ **원형부정사가 사용된 경우는 to부정사로 바꾸어 사용합니다.**

• I made him study.

→ He was made to study by me.

　그는 나에 의해 공부하게 됐다.

❺ **자동사 + 전치사의 수동태:** 자동사와 전치사를 한 타동사로 취급하여 수동태를 만들 수 있다.

• She was bored with her job.

　그녀는 그녀의 직업이 지루했다.

• I am always concerned about my mother's health.

　나는 항상 나의 어머니의 건강을 걱정한다.

• My son was exposed to a horrible danger.

　나의 아들은 끔찍한 위험에 노출됐었다.

❻ **by 이외의 전치사를 사용하는 수동태**

be interested in	~에 흥미가 있다	be tired of	~에 싫증나다
be involved in	~에 관련되다, 연루되다	be tired from	~때문에 지치다
be covered with (in)	~로 덮여 있다	be known to	~에게 알려지다
be filled with (of)	~로 가득 차다	be known as	~로서 유명하다
be pleased with	~로 기뻐하다	be known for	~로 유명하다
be satisfied with	~에 만족하다	be made of	~로 만들어지다 (물리적 변화)
be disappointed with (at)	~에 실망하다	be made from	~로 만들어지다 (화학적 변화)
be surprised at	~에 놀라다	be made in	~에서 만들어지다
be worried about	~을 걱정하다		

39 어법상 옳은 것을 고르고 잘못된 문장들은 바로잡고 전부 해석하세요.

① All his efforts were eventually abandoning.

② Water in the ocean is heated the sun.

③ We were asked to introduce ourselves.

④ The tears were replacing by smiles.

40 어법상 옳은 것을 고르고 잘못된 문장들은 바로잡고 전부 해석하세요.

① Maria was awarding first prize.

② He was fined 250 dollars.

③ Our solutions were explained him.

④ English wasn't teaching there.

41 우리말을 영어로 가장 잘 옮긴 것을 찾고 잘못된 문장은 바로잡으세요.

① 외과적인 수술은 이발사 혹은 떠돌이 의사들에 의해서 수행되었다.

→ Surgical operations were performing only by barbers or by vagrant practitioners.

② 근처에 있는 두 명의 제복을 입은 경찰관들이 고개를 돌렸다.

→ Two uniformed officers nearby turned their heads.

③ 당신의 개인적인 응답들은 철저히 비밀로 지켜질 것입니다.

→ Your individual responses will be kept completely confidentially.

④ 이 일의 성취는 당신의 많은 노력과 인내를 필요로 한다.

→ The accomplishment of this work is required a lot of toil and patience in you.

Check up

STEP 2 시제별 수동태

동사는 태 뿐만 아니라 동시에 시제도 표현이 가능하다. 따라서 수동태면서 다양한 시제와 결합하여 표현할 수 있다.

	능동태	수동태
현재	• He studies French. 나는 프랑스어를 공부한다.	• French is studied by him. 프랑스어는 그에 의해 공부된다.
과거	• He studied French. 나는 프랑스어를 공부했다.	• French was studied by him. 프랑스어는 그에 의해 공부되었다.
미래	• He will study French. 나는 프랑스어를 공부할 것이다.	• French will be studied by him. 프랑스어는 그에 의해 공부될 것이다.
현재완료	• He has studied French. 그는 프랑스어를 공부해오고 있다.	• French has been studied by him. 프랑스어는 그에 의해 공부 되어 온다.
과거완료	• He had studied French. 그는 프랑스어를 공부했었다. (과거 이전에)	• French had been studied by him. 프랑스어는 그에 의해 공부되었었다. (과거 이전에)
미래완료	• He will have studied French. 그는 프랑스어를 공부해오고 있을 것이다.	• French will have been studied by him. 프랑스어는 그에 의해 공부돼오고 있을 것이다.
과거진행	• He was studying French. 그는 프랑스어를 공부하고 있었다.	• French was being studied by him. 프랑스어는 그에 의해 공부되고 있던 중이다.
현재진행	• He is studying French. 그는 프랑스어를 공부하고 있다.	• French is being studied by him. 프랑스어는 그에 의해 공부되고 있는 중이다.

42 어법상 옳은 것을 고르고 잘못된 문장들은 바로잡고 전부 해석하세요.

① The arrangements are agreed on at the meeting last year.

② Tornados are most often caused by giant thunderstorms.

③ Produce from the fields were taken to market.

④ Immauel Kant is often considering the father of modern philosophy.

43 우리말을 영어로 가장 잘 옮긴 것을 찾고 잘못된 문장은 바로잡으세요.

① 버스정류장이 마을에 지어지고 있는 중이다.

→ A bus station is constructed in the town.

② 그 바이올린은 3년 동안 한 번도 연주되지 않았다.

→ The violin has not played for 3 years.

③ 한 남자는 방금 막 그의 개에 의하여 다리에 총을 맞았다.

→ A man has just shot in the leg by his own dog.

④ 그의 결정은 연기되었다.

→ His decision was postponed.

44 어법상 옳은 것을 고르고 잘못된 문장들은 바로잡고 전부 해석하세요.

① McAuliffe was chosen to be the first teacher in space.

② Many forms of meditation has been found to benefit cancer patients.

③ Technology companies can encourage to do the right thing on their own.

④ Sharks have been looked more or less the same for hundreds of millions of years.

45 어법상 옳은 것을 고르고 잘못된 문장들은 바로잡고 전부 해석하세요.

① He was seen come out of the house.

② Top executives are entitled to first class travel.

③ Your personality may be fixed the time you're six.

④ Other pages were never opening to the light.

46 우리말을 영어로 가장 잘 옮긴 것을 찾고 잘못된 문장은 바로잡으세요.

① 그들은 법 공부에 완전히 전념해야 한다.

→ They should be fully committed to the study of the law.

② 우리나라에서 아동 노동은 50년 전에 사라졌다.

→ In our country, child labor has abrogated fifty years ago.

③ 아이의 첫 생일은 대부분의 나라에서 특별하게 존중된다.

→ A child's first birthday respects as special in most countries.

④ 나는 국제 자원봉사기구에서 일하는 것에 관심이 있다.

→ I'm interested to working for an international volunteer organization.

STEP 3 수동태 유의할 사항

❶ 수동태에서 'by + 행위자'를 생략하는 경우

행위자가 일반사람 (people, one, they, we) 혹은, 너무 명확하거나 불분명할 때 'by + 행위자'를 생략한다.

- Basketball is played in the United States, Korea and many other countries ~~by people~~.
  농구는 미국과 한국 그리고 많은 다른 국가들에서 경기된다.(사람들에 의해서)

- French is spoken in France ~~by the French~~.
  프랑스어는 프랑스에서 말하여진다.(프랑스인에 의해서)

- Tom has been telling me his childhood story for 3 hours, and I'm bored ~~by Tom~~.
  탐은 나에게 자신의 어린 시절을 3시간 동안 이야기하고 있는 중이고, 나는 지루하다. (탐에 의해서)

- A lot of people were injured in the traffic accident.
  많은 사람들이 교통사고에서 부상을 입었다.(행위자를 밝히지 않음)

- The building has been located in the middle of Seoul.
  그 빌딩은 서울 한가운데에 위치해왔다.(행위자를 밝히지 않음)

❷ 수동태로 쓰지 않는 타동사

타동사지만 수동태로 쓰면 의미가 어색할 동사들이 있다.

*( )안에 있는 의미로 쓰일 때 수동태로 쓰지 않음

수동태 불가 동사	become(어울리다), suit(맞다, 어울리다), cost(비용이 나가다), have(가지다), lack(없다, 부족하다), possess(소유하다), resemble(닮다), fit(맞다), want(원하다), escape(피하다, '탈출하다'라는 뜻일 때는 자동사) 등

- His father is resembled by him. (X)

  → He resembles his father. (O)
    그는 그의 아빠를 닮았다.

- The laptop is possessed by Da-eun. (X)

  → Da-eun possesses the laptop. (O)
    대은이는 노트북을 소유하고 있다.

Check up

❸ 수동태의 의미를 가진 자동사

몇몇의 자동사는 수동태로 쓰지 않아도 수동의 의미를 가진다. 보통 일반적 경향, 주어의 속성 등을 나타내며 흔히 well이나 badly같은 '어떻게'에 해당하는 부사를 함께 쓴다. 하지만 일회성 사건이나 행위자의 영향을 나타내고자 할 경우에는 타동사로써 수동태로 사용될 수 있다.

- Decorated stones **sell** well. ← 일반적 경향을 나타냄
  장식된 돌들이 잘 팔린다.

- The decorated stones **are sold** by a child.
  그 장식된 돌들이 한 아이에 의해 팔린다.

- The decorated stones **are sold** at this store.
  그 장식된 돌들이 이 가게에서 팔린다.

※ 구체적장소나 시간의 표현이 나타나면 일반적 경향이나 속성을 의미하는 것이 아니기 때문에
   이 표현을 쓰지 않는다.

수동의 의미를 가진 자동사	sell(팔리다), read(읽히다), peel((껍질이) 벗겨지다), write(쓰이다), photo-graph (사진이 잘 (안) 찍히다) 등

*read가 타동사일 때 '가리키다, 표시하다'라는 뜻도 있다.

- The book **sells** 10,000 copies a week.
  그 책은 한 주에 만 권이 팔린다.

- The book **sold** like hot cakes and was reprinted many times.
  그 책은 불티나게 팔려서 여러 차례 찍었다.

- The sign **reads** 'No Smoking'.
  그 표지판에는 '흡연 금지'라고 적혀 있다.

- The book **reads** very well.
  그 책은 아주 잘 읽힌다.

- The lemon **peeled** easily.
  그 레몬은 껍질이 잘 벗겨졌다.

- Jane is beautiful, but she **doesn't photograph** well.
  제인은 아름답지만, 사진이 잘 안 받는다.

47 어법상 잘못된 것을 골라 바로잡고 다른 문장도 해석하세요.

① This sentence may be read several ways.

② This book reads interesting.

③ The thermometer was read five degree below zero.

④ The play reads better than it acts.

48 어법상 옳은 것을 고르고 잘못된 문장들은 바로잡고 전부 해석하세요.

① The steps toward the goal can be practiced only by oneself.

② The dengue virus contracted through contact with mosquitoes.

③ Tomato borrowed from Mexico and pajamas from India.

④ You and your family are urged read this Guide carefully.

49 어법상 옳은 것을 고르고 잘못된 문장들은 바로잡고 전부 해석하세요.

① The whole family was suffered from the flu.

② This lightweight golf cart can fold and fit in the trunk of my car.

③ Sleeping has long been tied to improve memory among humans.

④ Undergraduates are not allowed use equipments in the laboratory.

50 **우리말을 영어로 가장 잘 옮긴 것을 찾고 잘못된 문장은 바로잡으세요.**

① 왜 러쉬모어 산에서의 작업이 결국 중단되었나요?

→ Why did work on Mount Rushmore finally discontinued?.

② 샌드위치는 Sandwich라는 이름의 남자의 이름을 따왔다.

→ Sandwich named after a man named Sandwich.

③ 그녀의 발자국 소리는 멀리 사라져 갔다.

→ The sound of her footsteps receded in the distance.

④ 신체에 미치는 웃음의 효과에 대해서 연구하기 위한 실험들이 시행되었다.

→ Tests carried out to study the effects of laughter on the body.

51 **우리말을 영어로 가장 잘 옮긴 것을 찾고 잘못된 문장은 바로잡으세요.**

① 그는 실수하기는 했지만, 좋은 선생님으로 존경받을 수 있었다.

→ Although making a mistake, he could be respected as a good teacher.

② 오늘날 더 많은 사람들이 업무를 위해 스마트폰과 태블릿 컴퓨터를 사용하고 있다.

→ Today, more people are used by smart phones and tablet computers for business.

③ Main Street 은행은 신뢰할 수 있는 고객에게는 그 어떠한 규모의 대출도 해준다고 말해진다.

→ The Main Street Bank says to give loans of any size to reliable customers.

④ 감시 카메라는 보안을 위한 목적으로 많은 곳에서 널리 이용되어 왔다.

→ Surveillance cameras have widely used in lots of places for security purposes.

52 **우리말을 영어로 가장 잘 옮긴 것을 찾고 잘못된 문장은 바로잡으세요.**

① 교육문제는 사회구성원들의 합의에 바탕을 두어 해결되어야 한다.

→ Educational problems should be solved upon the agreement of the society members.

② 미각의 민감성은 개인의 음식 섭취와 체중에 크게 영향을 미친다.

→ Taste sensitivity largely is influenced by food intake and body weight of individuals.

③ 인공위성은 태양, 달 그리고 심지어 목성에 의해서도 당겨질 수 있다.

→ Satellites can get pulled around the sun, the moon and even the planet Jupiter.

④ 다양한 형태의 명상이 암환자에게 도움이 되는 것으로 알려져 왔다.

→ Many forms of meditation have found to benefit cancer patients.

Actual Test

❖ 수동태 실전 독해연습

Actual Exercise 1 다음 주어진 문장을 분석하고 해석하세요.

01 That kind of gesture in Muslim society was considered the worst kind of insult.

insult (n) 모욕

02 This phenomenon has been described so often as to need no future cliche on subject.

cliche (n) 진부한 표현

03 The act of teaching is looked upon as a flow of knowledge from a higher source to an empty container.

container (n) 그릇, 용기

04 The custom of sending greeting cards to friends and relatives for special occasions originated in England.

05 The prime minister was thoroughly dismayed by the lack of public support for his new project.

dismay (v) 실망시키다

06 When most people are asked to suggest a future power source, they think of solar energy.

07 Pierre & Sons is well known for selling high quality household appliances at reasonable prices.

household appliance
(n) 가전제품

08 Insurance plans will be changed in accordance with the purpose of the Congress and the citizen.

in accordance with
~와 일치하여

09 Aggressive behavior largely results from the scarcity of resources such as food and shelter.

scarcity (n) 부족, 결핍

10 Appropriate experience and academic background are required of qualified applicants for the position.

Actual Exercise 2 다음 주어진 문장을 분석하고 해석하세요.

01 Since the air-conditioners are being repaired now, the office workers have to make do with electric fans for the day.

02 The amount of information gathered by the eyes as contrasted with the ears has not been precisely calculated.

03 Technology is being embraced by police departments and holds the promise of improving police productivity.

embrace (v) 받아들이다

04 Meditation has been shown to be an effective tool in combating insomnia by calming and relaxing the patient.

combat
(v) 싸우다, 전투하다
insomnia (n) 불면증

05 A person is viewed as innocent of any crime until evidence is presented that proves he or she is guilty.

06 Astronomers today are convinced that people living thousands of years ago were studying the movement of the sky.

astronomer

(n) 천문학자

convince (v) 확신시키다

07 After the Second World War, many women in Britain were encouraged to return to their domestic roles as wives and mothers.

08 People in his experiments were told that a spot of light projected on the wall would move and were instructed to estimate the amount of movement.

UNIT 5

2단계: 준동사 심화학습

A 남아있는 동사의 기능
B 준동사 관용표현

준동사 심화학습이란?

준동사란 원래는 동사였지만 지금은 동사가 아닌(즉 명사, 형용사, 부사)의 역할을 하는 것이라고 정의했습니다. to를 붙이거나, ing를 붙이는 등 약간의 형태를 바꾼 후 (문장의 본동사와 구별 짓기 위해) 명사처럼 주어, 목적어, 보어자리에 들어가거나, 형용사처럼 명사를 꾸미거나 합니다.

여기까진 우리가 앞에서 이해했는데!! 한 가지를 더 추가를 해야 합니다.

준동사는 <u>원래 동사였기 때문에 동사의 기능이 남아있는 것입니다!!</u>

◆ 남아있는 동사의 기능

1. 부정을 표현할 수 있다.
2. 시제를 표현할 수 있다.
3. 태를 표현할 수 있다.
4. 동사 앞에 주어가 온다.
5. 동사의 종류에 따라 동사 뒤에 보어나 목적어가 올 수 있다.

준동사에도 이런 동사의 기능을 쓸 수 있다는 것을 준동사 심화학습에서 배울 것입니다.

◆ 빈번하게 쓰이는 의미상의 주어

'**사역동사**에는 동사원형!' 이런 표현 많이 들어보셨을 것입니다.
이것만 제대로 이해해도 많은 문제들을 풀어내고 해석할 수 있답니다.

제대로 접근하는 저만의 비법! 알려드릴게요~~~! 호호호호

이 문장을 보세요
I had him clean the room.

많이 본 구조 아닌가요?

이 문장에서 had가 본동사입니다.
그렇다면 준동사도 아닌 동사의 형태로 떡 하니 있는 clean의 정체는 무엇일까요?

자, 이렇게 하는 것입니다.
had를 본동사로 넣고 him에다가 작은 주어(s)표시를 하고
clean에다가는 작은 동사(v) 표시를 해보세요.

그리고 확인을 했을 때 '그가 청소하다'로 해석이 되니깐 주어, 동사의 관계는 맞죠?
하지만 이 문장에서 본주어와 본동사가 아니기 때문에 작은 주어, 작은 동사로 표시한 것입니다.

여기까지 이해한 상황에서 본동사를 3가지 경우로 분류를 합니다.

1 사역동사 (let, have, make)
2 지각동사 (watch, hear, feel 등)
3 그 외

사역동사는 3개 밖에 없고요, **지각동사**는 물론 너무 많아서 다 외울 순 없지만 지각동사의 정의 대로 '감각기관을 통해 지각하는 것'과 관련된 단어는 다 외우지 않아도 구별할 수 있을 것입니다. 예를 들어, 보다, 눈을 통해 지각하니깐 지각동사가 맞습니다. 느끼다, 피부를 통해 지각하니깐 지각동사가 맞습니다.
관찰하단 뜻의 observe는 어떨까요? 역시 눈을 통해 지각하니깐 지각동사가 맞겠지요???
이렇게 찾아내시면 됩니다.

그래서 **본동사가 사역동사일 경우 작은 동사에 동사원형**이 옵니다. 또한 지각동사일 경우는 동사원형이나 동사+ing 중에 내가 쓰고 싶은 것 씁니다. 그리고 **사역동사도 아니고 지각동사도 아닌 경우는 to부정사로 찍습니다!** 이렇게 찍으면 정답 확률은?? 85%정도 되는데 나머지 15%는 나올 때마다 구별해서 외워주면 됩니다.

① She saw a girl (cry / to cry) in the street.
② They encouraged me (apply / to apply) to the company.

자, ① 본동사 saw가 지각동사이므로 동사원형이나 ing가 올 수 있는데 보기에 동사원형밖에 없어서 동사원형이 정답이 되겠네요. ②은 encouraged(격려하다)가 사역동사도 아니고 지각동사도 아니니깐 to apply가 정답이 됩니다!

할만하신가요? 여기서 끝이 아닙니다....(괜히 자주 나오는 게 아니 였어. ㅠ.ㅠ)

작은 주어와 작은 동사를 좀 더 활용해야 하지 않겠습니까!!

꼭 작은 주어와 작은 동사를 표시하고 **주어동사처럼 해석되는지 확인하고 적용해야 합니다.** 그렇지 않으면 …

I made a chair to give my brother.

이 문장을 보고 '어머 사역동산데 뒤에 +to동사원형이 왔어! 이건 틀린 문장이야!'라고 생각할 수 있기 때문입니다. 하지만 이렇게 두고 보면 '의자가 준다'는 것은 어색하기 때문에 아까 배운 구조가 아니라는 것을 쉽게 눈치채고 다른 식으로 접근할 수 있겠죠.

저 문장은 나는 의자 하나를 만들었다고 문장이 종료된 후 내 남자형제에게 주기 위해서라고 to부정사의 부사적 용법을 사용한 구조입니다.

또 2번째 이유는 작은 주어와 작은 동사의 관계가 수동일 경우 본동사와 상관없이 무조건!! 작은 동사에 수동의 형태인 p.p.를 써줘야 합니다. 예문보시죠

I let my tooth pull.

여기서 나의 이빨이 뽑혀진다는 수동이므로 사역동사라 해도 pull을 쓰는 것이 아니라 p.p.형인 **pulled**를 써줘야 합니다.

UNIT 5 2단계: 준동사 심화학습

Check up

A 남아있는 동사의 기능

STEP 1 **빈번하게 쓰이는 의미상의 주어**

❶ 본동사가 사역동사일 때 (make, have, let)

의미상의 주어 뒤에 <u>동사원형</u>이 온다.

- The policeman had him <u>confess</u> everything about the crime.

  그 경찰관은 그가 그 범죄에 대해서 고백하게 했다.

❷ 본동사가 지각동사일 때 (hear, watch, see, notice, feel 등)

의미상의 주어 뒤에 <u>동사원형이나 동명사</u>가 온다.

- I sometimes watch her <u>play(playing)</u> the piano.

  나는 때때로 그녀가 피아노를 치는 것을 본다.

❸ 본동사가 그 외의 동사일 때

의미상의 주어 뒤에 <u>to부정사</u>가 온다.

- The teacher allowed the students <u>to go</u> to the restroom in class.

  그 선생님은 학생들이 수업 중에 화장실에 가는 것을 허락했다.

❹ 의미상의 주어와 준동사의 관계가 수동일 때

본동사와 상관없이 의미상의 주어 뒤에 <u>p.p.형(과거분사)</u>가 온다.

- The policeman had the crime <u>confessed</u> by him.

  그는 경찰관은 그 범죄가 그에 의해서 고백되게 했다.

- I sometimes watch the piano <u>played</u>.

  나는 때때로 피아노가 연주되어지는 것을 지켜본다.

- He had his hair <u>cut</u> by his sister. (cut-cut-cut)

  그는 그의 머리카락이 그의 여자형제에 의해 잘려지게 했다.

  ★ **예외:** 다수의 예외가 있지만 준사역 help는 꼭 기억하자.

  의미상의 주어 뒤에 to부정사나 동사원형이 온다.

- The policeman helped him <u>(to) confess</u> the crime.

  그 경찰관은 그가 그 범죄를 고백하도록 도왔다.

01 어법상 옳은 것을 고르고 잘못된 문장들은 바로잡고 전부 해석하세요.

① I can't get the child go to bed.

② We asked him do this job.

③ Two hunters saw a wild goose fly overhead.

④ I think Peter's new suit making him look handsome.

02 어법상 옳은 것을 고르고 잘못된 문장들은 바로잡고 전부 해석하세요.

① I forced my brother lend me five dollars.

② The professor allowed his students taking an open book exam.

③ Did you see him stealing money in the store?

④ Tom got his license to take away for driving too fast.

03 어법상 옳은 것을 고르고 잘못된 문장들은 바로잡고 전부 해석하세요.

① He let his political enemies imprison.

② Laptop computers enable one working virtually anywhere.

③ I'll have my children made their own pocket money when they are 15.

④ This Challenger disaster led NASA to stop all space shuttle missions.

04 어법상 옳은 것을 고르고 잘못된 문장들은 바로잡고 전부 해석하세요.

① Unavoidable circumstances led me setting about the work.

② People are afraid to have their worst fears realize by others.

③ This programme helps needy people finding out where shelters are located.

④ I had my hair cut in the new hair salon next to the cafeteria.

05 어법상 옳은 것을 고르고 잘못된 문장들은 바로잡고 전부 해석하세요.

① Flextime permits workers to adjust work hours to suit personal needs.

② This programme allows needy people finding out where shelters are located.

③ A scorpion asked the frog taking it to the other side of the pond.

④ She wants her husband bought a dozen of eggs on his way home.

Actual Test

❖ 빈번하게 쓰이는 의미상의 주어 실전 독해연습

Actual Exercise 1 다음 주어진 문장을 분석하고 해석하세요.

01 They said the characters did not inspire people to dream or encourage them to hope.

02 The court ordered the university to give Bakke a place in the medical school class.

court (n) 법원

03 An effective use of human resources has enabled us to achieve a remarkable economic growth in our country.

human resources
(n) 인적 자원

04 Stars could expect fees of 12 million or more to appear in a single movie, plus royalties.

05 Examine your thoughts, and you will find them wholly occupied with the past or the future.

06 The lower animals must have their bodily structure modified in order to survive under the conditions.

07 His sense of responsibility urged him to undertake the
    dangerous task for which he eventually sacrificed himself.

undertake (v) 착수하다

08 Current law allows universities to consider race as one of
    many factors in their admission decisions.

race (n) 인종

admission (n) 입학

09 The outrage among Chinese residents and the global media
    scrutiny impelled the government to address the country's
    air pollution problem.

scrutiny (n) 정밀조사

address

(v) 고심하다, 다루다

STEP 2 to부정사에 남아있는 동사적 기능

❶ 부정표시

to부정사 바로 앞에 not 이나 never을 붙여 부정을 표시할 수 있다.

- It was important not to hurry.
  서두르지 않는 것이 중요했다.

- Not to make a noise is necessary.
  소음을 내지 않는 것이 필수적이다.

❷ 시제표시

시제는 크게 완료형과 기본형으로 나누어진다. 문장의 본동사를 기준으로 동시에 일어난 일이면 기본시제를, 그 이전에 일어난 일이면 완료시제를 쓴다.

기본시제	to 동사원형	본동사를 기준으로 동시에 일어난 일일 때
완료시제	to have p.p.	본동사를 기준으로 그 이전에 일어난 일일 때

예문	준동사의 시제
• He seems <u>to be happy.</u> • He seemed <u>to be happy.</u> • He seems <u>to have been happy.</u> • He seemed <u>to have been happy.</u>	현재 (본동사와 동일) 과거 (본동사와 동일) 과거 (본동사 이전 시제) 대과거 (본동사 이전 시제)

a. 그는 행복한 것처럼 보인다.

b. 그는 행복한 것처럼 보였다.

c. 그는 행복했던 것처럼 보인다.

d. 그는 행복했었던 것처럼 보였다.

❸ **능동 및 수동 표시**

	형태	사용
단순수동	to be p.p.	본동사와 시제가 같으면서 수동일 때
완료수동	to have been p.p	본동사보다 한 시제 앞서면서 수동일 때

❹ **의미상의 주어**

for 명사	대부분의 경우	possible, impossible, necessary, natural, diffi-cult, hard, easy 등
of 명사	사람의 특징이나 성격을 나타내는 형용사와 함께	wise, honest, polite, foolish, cruel, rude, silly 등

• It was important to study hard.
  열심히 공부하는 것이 중요했다.

• It was important for me to study hard.
  내가 열심히 공부하는 것이 중요했다.

❺ **목적어 및 기타 수반어구**
동사처럼 목적어나 보어, 전치사구를 달고 올 수 있다.

• To study is necessary.
  공부하는 것은 필수적이다.

• To study hard is necessary.
  열심히 공부하는 것은 필수적이다.

• To study English is necessary.
  영어를 공부하는 것은 필수적이다.

06 다음 문장에서 눈에 띄는 to부정사에 남아있는 동사의 기능을 찾고 해석하세요.

① It is necessary for us to recycle waste.

② He always pretended not to be rich.

③ It was horrible for Min to be sent there.

④ His family seemed to have been happy.

⑤ Real leaders make space for others to shine.

⑥ It is considerate of you to offer the seat to the old man.

⑦ It's thoughtful of him to remember the names of every member in our film.

07 다음 문장에서 눈에 띄는 to부정사에 남아있는 동사의 기능을 찾고 해석하세요.

① I want to be left alone.

② It is impossible for us to make progress without practicing every day.

③ He may not want to be perceived as weak.

④ He was advised not to accept his request.

⑤ She tends to be motivated to win.

⑥ There are many places for me to spend my spare time like theaters, libraries and parks.

- A gift <u>was given</u> to me by my father.
  선물 하나가 나의 아버지에 의해서 나에게 주어졌다.

- The desk <u>was made</u> for me by my father.
  나는 선물 하나가 아버지에 의해서 주어졌다

■ 직접목적어만 수동태의 주어가 되는 동사

> **buy, find, bring, make, write 등**

위의 동사들의 간목이 주어로 온다면:

I was bought~ (나는 사졌다~)

I was brought~ (나는 가져와 졌다)

I was cooked~(나는 요리되었다~) 등 **매.우.어.색** 따라서 사용안함.

- French fries were made for me by my mom.
  감자튀김은 나에게(나를 위해) 엄마에 의해서 만들어졌다.

- The toys were bought for my sister by her grandmother.
  장난감들은 내 여자형제에게(여자형제를 위해) 그녀의 외할머니에 의해서 구매됐다.

❸ **5형식의 수동태**

- 기본 형태: **주어 + be p.p. + 목적보어 + (by 행위자)**

- The parents named the baby Guillaume.
→ The baby was named Guillaume by the parents.
  그 아기는 부모님들에 의해서 Guillaume이라고 이름 붙여졌다.

- He found his wife sick.
→ His wife was found sick by him.
  그의 아내는 그에 의해서 아프다는 것이 발견되었다.

❹ **준동사를 포함한 문장의 수동태**

■ to부정사나 동명사, 분사가 사용된 경우는 그대로 사용합니다.

- He allowed me to go out.
→ I was allowed to go out by him.
  나는 그에 의해서 외출하는 것이 허락되었다.

Check up

C 수동태

■ 문장의 주어가 행위를 능동적으로 하는 것이 아닌 동작의 영향을 받거나 당하는 것을 수동태라고 한다. 능동태 문장을 수동태를 전환할 경우 본래 목적어에 있던 명사가 주어가 된다.따라서 목적어가 있는 3,4,5형식만 전환이 가능하다.

STEP 1 형식별 수동태

❶ 3형식의 수동태

- 기본 형태: **주어 + be p.p. + (by 행위자)** ➡ 1형식이 된다!

- The room is cleaned by her. (현재, 수동)
  그 방은 그녀에 의해 치워진다.

- The window was broken by the kids. (과거, 수동)
  그 창문은 아이들에 의해 깨졌다.

❷ 4형식의 수동태

원칙적으로 4형식 문장은 목적어를 2개 가지기 때문에 각각의 목적어가 주어로 오는 수동태 문장이 2개씩 만들어질 수 있다. 하지만 어색한 경우는 사용하지 않는다.

기본 형태①	주어(원래 간·목) + be p.p. + 직접목적어 (by 행위자)
기본 형태②	주어(원래 직·목) + be p.p. + [전치사] + 간접목적어 (by 행위자)

→ 3형식이 된다!

- I asked ①her ②a personal question.
  → ① She was asked a personal question by me.
  → ② A personal question was asked of her by me.

★ 직접목적어가 주어가 되는 경우 전치사가 필요하다.

전치사 선택 방법: 4형식 문장을 3형식으로 바꿀 때 쓰는 전치사를 써준다.

전치사 to를 필요로 하는 동사	give, lend, send, show, teach, write 등
전치사 for을 필요로 하는 동사	buy, make, get, cook, build, find, do 등
사 of를 필요로 하는 동사	ask 등

STEP 3 동명사에 남아있는 동사적 기능

❶ 부정표시

동명사 바로 앞에 not 이나 never을 붙여 부정을 표시할 수 있다.

- Not meeting him before an interview was impossible.
  인터뷰 이전에 그를 만나지 않는 것은 불가능했다.

- Not making a noise is necessary.
  소음을 내지 않는 것이 필수적이다.

❷ 시제표시

시제는 크게 완료형과 기본형으로 나누어진다. 문장의 본동사를 기준으로 동시에 일어난 일이면 기본시제를 그 이전에 일어난 일이면 완료시제를 쓴다.

기본시제	동사+ing	본동사를 기준으로 동시에 일어난 일일 때
완료시제	having + p.p	본동사를 기준으로 그 이전에 일어난 일일 때

예문	준동사의 시제
a He denies taking a shower once a week.	현재 (본동사와 동일)
b He denied taking a shower once a week.	과거 (본동사와 동일)
c He denies having taken a shower once a week.	과거 (본동사 이전 시제)
d He denied having taken a shower once a week.	대과거 (본동사 이전 시제)

a 그는 일주일에 한 번 샤워한다는 것을 부인한다.

b 그는 일주일에 한 번 샤워한다는 것을 부인했다.

c 그는 일주일에 한 번 샤워했다는 것을 부인한다.

d 그는 일주일에 한 번 샤워했었다는 것을 부인했다.

❸ 능동 및 수동 표시

	형태	사용
단순수동	being p.p.	본동사와 시제가 같으면서 수동일 때
완료수동	having been p.p.	본동사보다 한 시제 앞서면서 수동일 때

④ 의미상의 주어

동명사의 자체주어는 인칭대명사의 소유격이 원칙이나 목적격으로도 두루 쓰이며, 사람을 제외하고는 그대로 표기한다.

- She is proud of having a smart son.
  그녀는 똑똑한 아들을 뒀다는 것을 자랑스러워한다.

- She is proud of her daughter having a smart son.
  그녀는 그녀의 딸이 똑똑한 아들을 뒀다는 것을 자랑스러워한다.

- He denied taking the bag.
  그는 그 가방을 가져갔다는 것을 부인했다.

- He denied their(them) taking the bag.
  그는 그들이 그 가방을 가져갔다는 것을 부인했다.

⑤ 목적어 및 기타 수반어구

to부정사와 마찬가지로 목적어나 보어 따위가 올 수 있다.

- Sleeping is necessary for survival.
  자는 것은 생존에 필수적이다.

- Talking to someone once doesn't mean falling in love with him or her.
  누군가에게 한 번 말 건다는 것이 그 또는 그녀와 사랑에 빠진다는 것을 의미하지 않는다.

08 다음 문장에서 눈에 띄는 동명사에 남아있는 동사의 기능을 찾고 해석하세요.

① I hate sending my children to church.

② I hate his sending my children to church.

③ I hate being sent to church.

④ Not making a noise is necessary.

⑤ She objects to being asked out by people at work.

⑥ Upon his mother touching the boy, he fell asleep.

⑦ Some drugs have a higher chance of being abused than others.

09 다음 문장에서 눈에 띄는 동명사에 남아있는 동사의 기능을 찾고 해석하세요.

① He denied their taking the bag.

② The boys object to the wall being painted in park.

③ She regrets not having worked harder in her youth.

④ I was glad because of the test being over.

⑤ I am sure of his having been out yesterday.

⑥ The film has attracted much attention for being based on original attempt.

⑦ Last night, she nearly escaped from being run over by a car.

Actual Test

❖ 준동사 심화학습 실전 독해연습

Actual Exercise 1   다음 문장을 눈에 띄는 준동사의 남아있는 동사의
기능에 유의하며 해석하세요.

01 We are anxious for him to return home safe.

02 It is essential for you to work out reasonable scenarios for
the future.

03 Works of art exist in order to be liked rather than to be
debated.

04 The costs have to be compared after they've been adjusted
for inflation.

05 The white-tailed deer was one of the first animals to be
protected by federal legislation.

federal legislation
(n) 연방법

06 Vitamin D is produced by the body in response to skin being
exposed to sunlight.

07 There is no reason to be alarmed, much less to begin
evacuating people from their homes.

alarm (v) 불안하게 하다
evacuate (v)대피시키다

08 Before the invention of printing, multiple copies of a
manuscript had to be made by hand.

manuscript (n) 원고

09 It is important for a journalist to be honorable and to write about both side of a problem.

honorable (a) 지조 있는

10 Along with fear and vanity, another extremely powerful emotion is our desire to be accepted by others.

vanity (n) 자만심, 허영심

Actual Exercise 2 다음 문장을 눈에 띄는 준동사의 남아있는 동사의 기능에 유의하며 해석하세요.

01 Up until the mid-2000s actors were the force to be reckoned with in Hollywood.

reckon with (v) 무시할 수 없는 존재로 여기다

02 Parents are responsible for providing the right environment for their children to grow and learn in.

03 Wearing sunscreen before going out often makes it more difficult for their body to produce vitamin D.

04 Unfortunately, this money often ended up being used ineffectively or stolen by corrupt officials.

corrupt (a) 부패한, 타락한

05 In a rich nation like the U.S., it's easy to be fooled into thinking there's always more time for problems to get solved.

06 Lobster was so abundant that servants, as a condition of their employment, insisted on not being fed lobster more than three times a week.

abundant (a) 풍부한

07 As a middle-class Jew growing up in an ethnically mixed Chicago neighborhood, I was already in danger of being beaten up daily by rougher working-class boys.

ethnically
(ad) 인종적으로

08 He wrote of having seen a misbegotten creature with the head and ears of a mule, a camel's body, the legs of a deer and the whinny of a horse.

misbegotten
(a) 경멸할만한, 사생아의
mule (n) 노새
whinny (n) 말 울음소리

09 A biology teacher cannot teach proteins, carbohydrates, fats, and vitamins, without having understood the basics of organic chemistry.

organic chemistry
(n) 유기화학

Check up

B 준동사 관용표현

STEP 1 to부정사의 관용표현

❶ in order to부정사 = so as to부정사: ~하기 위하여

- I learned to speak French in order to live in France.
  나는 프랑스에서 살기 위해서 프랑스어를 배웠다.

❷ so + 형용사 /부사 + as to부정사: 너무 ~ 해서 그 결과 ~하다.

- I was so late as to miss the show.
  나는 너무 늦어서 그 쇼를 놓쳤다.

❸ too + 형용사 /부사 + to부정사: 너무 ~ 해서 ~할 수 없다.

- I was too late to make a reservation.
  나는 너무 늦어서 예약을 할 수 없었다.

❹ 형용사 /부사 + enough to부정사: ~할 만큼 충분히 … 하다.

- I'm generous enough to give strangers money.
  나는 낯선 사람들에게 돈을 줄만큼 충분히 관대하다.

❺ enough + 명사 + to부정사: ~할 만큼 충분히 … 한

- I have enough money to pay for this ticket.
  나는 이 표 값을 지불할 만큼 충분한 돈이 있다.

10 다음 to부정사의 관용구에 유의하면서 해석하세요.

① The bag was too heavy for me to lift.

② My daughter is not yet old enough to go to school.

③ We got up early so as to leave early.

④ I was so lucky as to pass the exam.

11 다음 to부정사의 관용구에 유의하면서 해석하세요.

① She was too upset to stand still.

② I was so sick as to cancel my appointment.

③ I bought new clothes so as to meet her.

④ Fifty winters are not enough to see the cherry hung with snow.

Check up

STEP 2 동명사의 관용표현

❶ **go ~ing**: ~하러 가다

❷ **cannot help ~ing**: ~하지 않을 수 없다

❸ **There is no ~ing**: ~하는 것은 불가능하다

❹ **It is no use ~ing**: ~해도 소용없다

❺ **feel like ~ing**: ~하고 싶다

❻ **far from ~ing**: 결코 ~않다 (=never)

❼ **(Up)on ~ing**: ~하자마자

❽ **in ~ing**: ~할 때, ~하는 데 있어서

❾ **by ~ing**: ~함으로써

❿ **waste/spend 시간/돈 ~ing**:
~하는 데 시간/돈을 낭비하다/소비하다

⓫ **have difficulty (in) ~ing**:
~하는 데 어려움을 겪다

⓬ **be busy ~ing**: ~하느라 바쁘다

❶ We are going to go skiing this winter.
우리는 이번 겨울에 스키 타러 갈 예정이다.

❷ I cannot help thinking of you.
나는 너에 대해서 생각하지 않을 수 없다.

❸ There is no persuading her.
그녀를 설득시키는 것은 불가능하다.

❹ It is no use crying.
울어도 소용없다.

❺ I feel like dancing.
춤추고 싶다.

❻ He is far from being kind to me.
그는 나에게 결코 친절하지 않다.

❼ Upon seeing the teacher, he ran away.
선생님을 보자마자, 그는 도망쳤다.

❽ The guidebook will be helpful in planning a trip.
그 안내 책은 여행을 계획하는데 도움이 될 것이다.

❾ By cooking him dinner, she made him happy.
그에게 저녁을 요리해줌으로써, 그녀는 그를 행복하게 만들었다.

❿ I spent much money collecting jeans.
나는 청바지를 모으는데 많은 돈을 썼다.

⓫ I have difficulty in making a good impression.
나는 좋은 인상을 남기는 데 어려움을 겪는다.

⓬ I'm busy trying to make a reservation.
나는 예약하려고 애쓰느라 바쁘다.

12 다음 동명사의 관용구에 유의하면서 해석하세요.

① My family went fishing last weekend.

② I cannot help obeying my parents.

③ It is no use trying to deceive me.

④ There is no taking the exam instead of him.

⑤ I always feel like eating something.

⑥ He is far from being happy with his wife.

⑦ My father is counting on me in completing this job.

⑧ (Up)on seeing her teacher, she was trying to hide.

⑨ I tried to apologize my fault by writing a letter.

⑩ The police spent seven months working on the crime case.

⑪ They have difficulty (in) cleaning the auditorium.

⑫ She was busy counseling many clients.

Actual Test

❖ 준동사 관용표현 실전 독해연습

Actual Exercise 1 **다음 주어진 문장을 준동사의 관용표현에 유의하며 해석하세요.**

01 The best possible care was taken in receiving the guests.

02 For instance, apes spent a large amount of time grooming each other.

ape (n) 유인원
groom (v) 손질하다

03 The rings of Saturn are too distant to be seen from Earth without a telescope.

04 He was too distracted by a text message to know that he was going over the speed limit.

distract
(v) 주의산만하게 하다

05 Science is making the future, and nations are busy making future scientists.

06 Railey spent much of her time encouraging young women to study science and math.

07 Many firms have great difficulty in obtaining technical or
    scientific books from libraries.

08 The homeless usually have great difficulty getting a job, so
    they are losing their hope.

09 Women are reluctant to seek help in coping with their
    depression, anxiety, or distressed relationship.

10 Meditation for cancer can benefit the cancer patient by
    somewhat reducing all of theses stresses.

11 In evaluating your progress, I have taken into account your
    performance, your attitude, and your improvement.

12 In the 21st century the way to win a war will be by interfering   disable (v) 무력화시키다
    with or disabling the enemy's communication systems.

13 They draw too heavily, too quickly, on already overdrawn environmental resource accounts to be affordable far into the future without bankrupting those accounts.

draw (v) 인출하다

account (n) 계좌

affordable

(a) 감당할 수 있는

UNIT 6
3단계: 절 심화학습

A 분사구문
B 가정법

들어가기 전에...

분사구문과 가정법은 둘 다 부사절의 응용버전이라고 보면 됩니다.

분사구문은 부사절을 줄여서 사용하는 것이고,
가정법은 다양한 말하는 방법들 중 가정을 함으로써 말의 설득력을 높여주는 방법입니다.

6 3단계: 절 심화학습

Check up

A 분사구문

▪️ 부사절을 한 것을 분사구문이라 한다. 부사절에서 접속사와 주어를 생략하고 동사에 ing를 붙여 분사를 만든다.

★ 보통 연결이 유연한 시간, 조건, 이유의 부사절을 많이 분사구문으로 쓴다.

STEP 1 분사구문 만들기

❶ 분사구문 만드는 과정

• 부사절의 접속사를 생략할 수 있다. (접속사의 의미를 분명히 하고자 하는 경우는 생략 안함)

• 주절의 주어와 부사절의 주어가 같으면 부사절의 주어를 생략한다.

• 남은 동사에 ing를 붙여 분사로 만든다.

• When I saw him, I started to shout.

→ Seeing him, I started to shout.

• The moment Sophie received the test paper, her head went blank.

→ Sophie receiving the test paper, her head went blank.

❷ 분사구문 만들 때 주의사항

■ 접속사 생략하지 않을 때, 부정어는 분사 앞에 놓는다.

• Not living with my mother, I had to learn to cook.
어머니와 살지 않기 때문에, 나는 요리하는 방법을 배워야 했다.

• Not having met her before, I didn't recognize her.
이전에 그녀를 만난 적이 없기 때문에, 나는 그녀를 몰라봤다.

■ 만드는 과정에서 생긴 being 또는 having been은 생략이 가능하다.

• (Having been) born in a poor family, he wasn't educated at school.
가난한 가정에서 태어났기 때문에, 그는 학교에서 교육받지 못했다.

• My brother (being) sleeping in his room, we were having a party.
나의 남자형제가 그의 방에서 자고 있는 동안, 우리는 파티를 하고 있었다.

01 어법상 옳은 것을 고르고 잘못된 문장들은 바로잡고 전부 해석하세요.

① Returned to my apartment, I found my watch missing.

② Having not met him before, I don't know him.

③ Comparing with his sister, she is not so pretty.

④ While working at a hospital, she saw her first air show.

02 어법상 옳은 것을 고르고 잘못된 문장들은 바로잡고 전부 해석하세요.

① Surrounding by great people, I felt proud.

② The dinner being ready, we moved to the dining hall.

③ Being cold outside, I boiled some water to have tea.

④ The old man could not see his son until allowing to do so.

03 우리말을 영어로 가장 잘 옮긴 것을 찾고 잘못된 문장은 바로잡으세요.

① 혼자 남겨져서 Dodge는 재빨리 타버린 땅 위에 누웠다.

→ Left alone, Dodge quickly lied down on the burnt soil.

② 잘못된 주소가 쓰인 소포는 그에게 늦게 그리고 파손된 상태로 도착했다.

→ The package, having wrong addressed, reached him late and damaged.

③ 나는 커튼 뒤에 숨어서 그림자가 다시 나타나기를 기다렸다.

→ Hiding behind the curtain, I waited the shadow to reappear.

④ 그는 10년 동안 외국에 있었기 때문에 영어를 매우 유창하게 말할 수 있다.

→ Having been abroad for ten years, he can speak English very fluently.

Check up

STEP 2 with 분사구문

분사구문이 이유(~때문에)나 동시동작(~하면서)의 뜻일 때, 분사의 의미상의 주어 앞에 with를 붙인다. 이때 의미상의 주어와 분사의 관계가 능동이면 현재분사를, 수동이면 과거분사를 쓴다.

- With his ears covered, I called his names.
  그의 귀를 막은 채로, 나는 그를 욕했다.
- With his eyes (being) open, he was sleeping.
  눈을 뜬 채로, 그는 자고 있었다.
- Don't skate with your hands (being) in your pockets.
  스케이트 타지 마라 너의 손을 주머니에 넣은 채로.

04 어법상 옳지 <u>않은</u> 것을 골라 바로잡고 전부 해석하세요.

① Waving goodbye, she got on the train.

② She was cooking with her son on her back.

③ Covering with confusion, he left the conference room.

④ With her eyes wide open, she started at the man.

Actual Test

❖ 분사구문 실전 독해연습

Actual Exercise 1 다음 주어진 문장에 쓰인 분사문구에 유의하며 해석하세요.

01 Taken away from their homes, cats seem able to remember where they live.

02 As a result, problems in one area can spread to another, creating a destructive circle.

03 Seen from a distance, The chameleon is indistinguishable from its environment.

04 Having no money in his wallet, he had no choice but to walk more than ten kilometers.

05 The risk of fire has still been extreme, making it critical that all students and staff know what to do.

06 Straddling the top of Mount Everest, one foot in China and the other in Nepal, I cleared the ice from my oxygen mask.

straddle

(v) 다리를 벌려 내딛다

clear (v) 치우다

07 The newly built conference room, though equipped with more advanced facilities, accommodates fewer people than the old one.

accommodate

(v) 수용하다

08 Although he was a grown man with a family, he behaved in an infantile manner, clamoring for attention if he did not get his way.

infantile (a) 어린애 같은

clamor (v) 떠들어대다

09 A journalist pointed out that the country has progressed from oppression to sovereignty, creating a constitution and holding national elections.

oppression (n) 억압

sovereignty (n) 자주(권)

constitution (n) 헌법

B 가정법

사실과는 반대이거나 비현실적인 일, 단순 상상이나, 소망 같은 것들을 가정하여 말하는 방법을 가정법이라고 한다.

STEP 1 가정법 과거와 과거완료

❶ **가정법 과거**: 현재사실과는 다른 일을 가정해보고자 할 때 사용한다.

■ **If 주어 + 동사의 과거형 (were), 주어 + 조동사의 과거형 + 동사원형:**
만약~라면, …일 텐데

- If I were a tree, I would give you a place to rest.
  내가 만약 나무라면, 나는 너에게 쉴 장소를 줄 텐데.

- If I had a car, I would drive every night.
  만약 내가 차가 있다면, 매일 밤 드라이브할 텐데.

❷ **가정법 과거완료**: 과거에 일어나지 않았던 일을 가정해보고자 할 때 사용한다.

■ **If 주어 + had p.p., 주어 + 조동사의 과거형 + have p.p. :**
만약~였더라면, …였을 텐데

- If I had passed the exam, I would have been happy.
  만약 내가 시험에 통과했었더라면, 나는 행복했을 거야.

- If I had not been sick, I could have taken the test.
  만약 내가 아프지 않았더라면, 나는 시험을 치를 수 있었을 텐데.

STEP 2 혼합 가정법

❶ **혼합 가정법**: 과거의 사실이 현재까지 영향을 미치고 있는 경우에 사용한다.

■ **If 주어 + had p.p., 주어 + 조동사의 과거형 + 동사원형:**
만약~였더라면, …일 텐데

- If I had passed the exam, I would be happy (now).
  만약 내가 시험에 통과했더라면, 나는 (지금) 행복할 텐데.

- If I had bought a car, I could take her home every night until now.
  만약 내가 차를 샀더라면, 나는 지금까지 매일 밤 그녀를 데려다 줄 수 있을 텐데.

05 주어진 우리말을 영어로 가장 잘 옮긴 것은?

> 만약 내가 그 책을 샀었더라면, 내가 너에게 빌려줄 수 있을 텐데.

① If I had bought the book, I could have lent it to you.

② If I bought the book, I could lend it to you.

③ If I had bought the book, I could lend it to you.

④ If I bought the book, I could have lent it to you.

06 주어진 우리말을 영어로 가장 잘 옮긴 것은?

> 히틀러가 다른 유럽 국가를 침략하지 않았다면 2차 세계대전은 일어나지 않았을 것이다.

① If Hitler didn't invade other European countries, World War II might not have taken place.

② If Hitler didn't invade other European countries, World War II might not take place.

③ If Hitler hadn't invaded other European countries, World War II might not have taken place.

④ If Hitler hadn't invaded other European countries, World War II might not take place.

07 우리말을 영어로 가장 잘 옮긴 것을 찾고 잘못된 문장은 바로잡으세요.

① 그녀가 그때 나의 조언을 따랐더라면, 그녀는 체면을 잃지 않았을 텐데.

→ If she had followed my advice then, she would not have saved face.

② 내가 리뷰를 조금이라도 읽었더라면, 나는 그 책을 추천하지 않았을 텐데.

→ If I had read any of the reviews, I would not recommend the book.

③ 그가 은행에서 더 많은 돈을 인출했더라면, 그 신발을 살 수 있었을 것이다.

→ If he had taken more money out of the bank, he could buy the shoes.

④ 아침에 비가 오지 않았더라면, 우리는 스시를 먹으며 부산에 있을 텐데.

→ If it hadn't rained in the morning, we would be in Busan eating sushi.

08 우리말을 영어로 가장 잘 옮긴 것을 찾고 잘못된 문장은 바로잡으세요.

① 만약 내가 그녀의 파티에 가지 않는다면 Sarah는 기분이 상할 것이다.

→ Sarah will be offended if I didn't go to her party.

② 만약 그녀가 어제 집에 있었다면, 나는 그녀를 방문했을 것이다.

→ If she had been at home yesterday, I would visit her.

③ 만약 태풍이 접근해오지 않았더라면 그 경기가 열렸을 텐데.

→ The game might have been played if the typhoon had not approaching.

④ 만약 당신이 미국에서 이와 같이 하면, 사람들은 당신에게 이상한 시선을 보낼 것이다.

→ If you did this in America, people would give you strange looks.

09 우리말을 영어로 가장 잘 옮긴 것을 찾고 잘못된 문장은 바로잡으세요.

① 만약 내가 실제로 천재라면 그렇게 취급받는 것에 언짢아하지 않을 것이다.

→ If I were actually a genius, I would not mind treating like one.

② Jenny가 2월 28일까지 지원을 했더라면, 대학교는 봄 학기에 그녀를 받아들였을 텐데.

→ If Jenny had applied by February 28, the university would accept her for the

　 spring semester.

③ 그날 하루가 30시간이었다면, 모든 일을 끝낼 수 있었을 텐데.

→ I would have been able to finish all my work had the day been thirty hours long.

④ 만약 국제 무역이 존재하지 않는다면, 많은 제품들을 시장에서 구하기 힘들 것이다.

→ If international trade wouldn't exist, many products would not have been

　 available on the market.

Check up

STEP 3 여러 가지 가정법

❶ I wish 가정법

I wish (that) 주어 + 동사의 과거형	~라면 좋을 텐데 (현재의 바람)
I wish (that) 주어 + had p.p.	~이었다면 좋았을 텐데 (과거의 바람)

- I wish (that) I had a boyfriend.
  나는 남자친구가 있으면 좋을 텐데.
- I wish (that) I had had a boyfriend before graduation.
  나는 졸업 전에 남자친구가 있었더라면 좋았을 텐데.

❷ as if (though) 가정법

as if (though) 주어 + 동사의 과거형	마치 ~처럼 (현재)
as if (though) 주어 + had p.p.	마치 ~였던 것처럼 (과거)

- He looks as if he were upset.
  그는 속상한 것처럼 보인다.
- He looks as if he had been upset.
  그는 속상했던 것처럼 보인다.

❸ without /but for 가정법

Without /But for~, 주어 + 조동사(의 과거형)+ 동사원형	~이 없다면 (현재)
Without /But for~, 주어 + 조동사(의 과거형)+ have p.p.	~이 없었더라면 (과거)

- Without your help, I could not get better.
  너의 도움이 없다면, 나는 나아질 수 없다.
- Without this elevator, we might climb up all the steps.
  엘리베이터가 없다면, 우리는 모든 계단을 올라야 할지도 모른다.
- But for water, we cannot survive.
  물이 없다면, 우리는 살아남지 못할 것이다.
- But for water, we cannot have survived.
  물이 없었다면, 우리는 살아남지 못했을 것이다.

STEP 4 If의 생략과 도치

If절에서 were, should, had가 있는 경우 if를 생략하고 도치시킬 수 있다.

★ 도치시키는 것보다, 도치된 문장인지를 알아보는 것이 더 중요!

- If I were a tree, I would give you a place to rest.

→ Were I a tree, I would give you a place to rest.
  만약 내가 나무라면, 나는 너에게 쉴 장소를 줄 텐데.

- If I had passed the exam, I would have been happy.

→ Had I passed the exam, I would have been happy.
  만약 내가 시험에 통과했더라면, 나는 행복했을 텐데.

10 **우리말을 영어로 가장 잘 옮긴 것을 찾고 잘못된 문장은 바로잡으세요.**

① 그는 마치 자신이 미국 사람인 것처럼 유창하게 영어로 말한다.

→ He speaks English fluently as if he had been an American.

② 만일 내일 비가 온다면, 나는 그냥 집에 있겠다.

→ If it rains tomorrow, I just stay at home.

③ 우리 실패하면 어쩌지?

→ What if we should fail?

④ 우리가 작년에 그 아파트를 구입했었더라면 얼마나 좋을까.

→ I wish we purchased the apartment last year.

11 **우리말을 영어로 가장 잘 옮긴 것을 찾고 잘못된 문장은 바로잡으세요.**

① 뉴턴이 없었다면 중력법칙은 발견되지 않았을 것이다.

→ If it had not been for Newton, the law of gravitation would not be discovered.

② 그들이 내 지시를 따랐다면, 처벌을 받지는 않았을 것이다.

→ Had they followed my order, they would not be punished.

③ 그녀는 처음에는 자신이 매우 행복한 것처럼, 그러고 나서는 매우 슬픈 것처럼 연주했다.

→ First she played it as if she were very happy, and then as if she were very sad.

④ 내가 그때 그 계획을 포기했었다면 이렇게 훌륭한 성과를 얻지 못했을 것이다.

→ Had I been given up the project at that time, I couldn't achieve such a splendid result.

12 우리말을 영어로 가장 잘 옮긴 것을 찾고 잘못된 문장은 바로잡으세요.

① 그녀가 콘서트에 왔었다면 좋아했을 것이다.

→ Had she came to the concert, she would have enjoyed it.

② 야생에서 야영을 하면서 모기, 뱀, 그리고 거미들과 함께 즐길 수 있다면 좋겠다.

→ I wished I could camp in the wild and enjoy the company of mosquitos, snakes, and spiders.

③ 고소공포증이 아니었다면 그 소년은 롤러코스터를 탔을 것이다.

→ Were it not for his fear of heights, the boy would ride the roller coaster.

④ 그 여자는 말이 불분명하고 자세가 구부정했기에 뇌졸중을 앓아왔던 것처럼 보였다.

→ It appeared as if the woman had suffered a stroke because her speech was slurred and her posture bent.

13 우리말을 영어로 가장 잘 옮긴 것을 찾고 잘못된 문장은 바로잡으세요.

① 모든 학생과 교직원이 산불에 직면한다면 무엇을 해야 하는지 아는 것은 지극히 중요합니다.

→ It is vital that all students and staff know what to do should we face a wildfire.

② 만약 물이 없다면, 지구상의 모든 생명체들은 멸종할 것이다.

→ Were not it for water, all living creatures on earth would be extinct.

③ 당신이 매우 부주의하지만 않는다면, 그 기계는 매우 쉽게 고장 나지 않을 것이다.

→ If you weren't so careless, the machine wouldn't have broken down so easily.

④ 내가 학교 다닐 때 중국어를 배웠더라면, 이 문장이 무슨 뜻인지 이해할 수 있을 텐데.

→ If I had studied Chinese when I was at school, I could have understood what this sentence means now.

Actual Test

❖ 가정법 실전 독해연습

Actual Exercise 1 다음 주어진 문장을 분석하고 해석하세요.

01 If you had not advised him at the right moment, my friend might have failed in that business.

02 I would never have encouraged you to go into the field had I known it would be so stressful for you.

03 He looked more relaxed, as if some of the harmony from his surroundings had flowed into him.

surroundings (n) 환경

04 Margaret wouldn't believe Fred again if the sun were to rise in the west, because he told her too many lies.

05 It is as though I had the right to call the heel of my shoe a hammer because I, like most women, use it to drive nails into the wall.

heel (n) 뒷굽

nail (n) 못

06 A fire would not have spread so far and so quickly, if our firefighters had been able to arrive at the scene in time.

07 Had you met her as she was standing with head tilted, you would have seen an unforgettable smile on her face.

tilt (v) 기울이다

08 If I had had to draw a picture of my future then, it would have been a large gray patch surrounded by black, blacker, blackest.

patch (n) 지대

Actual Exercise 2 다음 주어진 문장을 분석하고 해석하세요.

01 This study would have been impossible but for the recent availability of wartime German and postwar investigative records.

investigative
(a) 조사의

02 He famously wrote, "Cleopatra's nose, had it been shorter, the whole face of the world would have been changed."

face (n) 형세

03 If England had won the Revolutionary War, the whole history of the English-speaking world would have been different.

04 If you had listened, you too would have concluded that Tom was more capable than any other boy in his class.

05 The discouraged child who feels as if she does not belong will do almost anything to feel like she is acknowledged and worthy of notice and companionship.

notice (n) 주목

companionship (n) 동료애

06 An economy as big as the United States can afford to place reasonable bets in all areas where it looks as if technology can be pushed forward.

reasonable (a) 합리적인, 적당한

push forward 추친하다

07 If the United States had built more homes for poor people in 1955, the housing problems now in some parts of this country wouldn't be so serious.

08 Mankind would have perished long ago if people had stopped aiding one another. People cannot exist without mutual help. Nobody who has the power of granting help can refuse it without guilt.

perish (v) 멸종하다

grant (v) 주다, 수여하다

UNIT 7

비교

A 원급 비교급
B 비교급
C 최상급

들어가기 전에...

비교는 둘 이상의 사물을 견주어 공통점이나 차이점을 따지는 것입니다. 형용사와 부사와 관련이 있어 비교 문장에서는 필요에 따라 형용사나 부사의 형태가 바뀌게 됩니다.

7 비교

Unit 7

Check up

📌 둘 이상의 사물의 성질을 비교할 때 형용사나 부사의 형태가 변화하는 것을 말한다. 비교의 종류
에는 원급, 비교급, 최상급이 있다.

A 원급 비교급

📌 원급 비교란 동등한 것을 비교하는 것을 말한다.

STEP 1 **원급 비교:** as~as 사이에 이어지는 구성요소의 기본 형태가 온다.

❶ 원급 비교

as ~ as	~만큼 ~하다
not so(as) ~ as	~만큼 ~하지 못하다

- She is as pretty as I am.
  그녀는 나만큼 예쁘다.

- She is not as pretty as I am.
  그녀는 나만큼 예쁘지 않다.

❷ 배수 비교

배수사 + as ~ as	
배수사 + the 명사 + of	~보다 ...배 ~한
배수사 + 비교급 + than (3배수 이상에 사용)	

배수사	half / twice , three times, four times...

- His salary is twice as high as hers.
  그의 봉급은 그녀의 것보다 두 배 높다.

- She paid twice the price of the room charge.
  그녀는 그 방의 두 배의 가격을 지불했다.

- His room is three times larger than my room.
  그의 방은 나의 방보다 세 배 넓다.

STEP 2 원급으로 최상급 표현

❶ as ~ as one can: 가능한 한 ~하게 (= as ~ as possible)

- I ran as fast as I could.

= I ran as fast as possible.
  나는 가능한 빠르게 달렸다.

❷ as ~ as ever 동사: 지금까지 ~한 어느 누구 못지않게 ~한

- He is as happy a man as ever lived.
  그는 여태 살았던 사람 못지않게 행복하다.

❸ as ~ as any 명사: 어떤 ~에 못지않게

- She is as kind as any men in the world.
  그녀는 세상 누구에 못지않게 착하다.

❹ as ~ as can be: 극도로 ~한

- He is as upset as can be.
  그는 극도로 속상하다.

Check up

STEP 3 원급비교 관용표현

❶ **as ~ as before**   여전히
❷ **not so much A as B**   A라기보다는 B이다 (= not A so much as B)
❸ **cannot so much as**   조차도 (= cannot even)
❹ **as many as**   무려~나 되는 (수)
❺ **as much as**   무려~나 되는 (양)
❻ **as early as**   일찍이
❼ **as late as last night**   바로 어젯밤에
❽ **as good as**   ~나 다름없는 (= no /little better than)

❶ My grandfather can't hear as well as before.
나의 할아버지께서는 여전히 잘 듣지 못하신다.

❷ He is not so much stingy as frugal.
그는 인색하다기 보단 검소하다.

❸ She can't so much as remember her own birthday.
그녀는 그녀 자신의 생일조차도 기억하지 못한다.

❹ He has as many as ten cats.
그는 무려 열 마리나 되는 고양이를 가지고 있다.

❺ He wanted to shout as much as he was satisfied.
그는 그가 만족할 만큼 소리치길 원했다.

❻ I left for Busan as early as April.
나는 일찍이 4월에 부산으로 떠났다.

❼ I told him the truth as late as last night.
나는 그에게 바로 어젯밤에 진실을 이야기했다.

❽ The enemy is as good as dead.
그 적군은 죽은 거나 다름없다.

01 어법상 옳은 것을 고르고 잘못된 문장들은 바로잡고 전부 해석하세요.

① He eats twice as much food as her.

② You still look as better as you did around 9 years ago.

③ The ability to express an idea is as more important as the idea itself.

④ Jane is not as younger as she looks.

02 우리말을 영어로 가장 잘 옮긴 것을 찾고 잘못된 문장은 바로잡으세요.

① 나는 그에게 바로 어젯밤에 진실을 이야기했다.

→ I told him the truth as early as last night.

② 나는 일찍이 4월에 부산으로 떠났다.

→ I left for Busan as late as April.

③ 그는 인색하다기 보단 검소하다.

→ He is not so much stingier as frugal.

④ 그녀는 그녀 자신의 생일조차도 기억하지 못한다.

→ She can't so much as remember her own birthday.

03 우리말을 영어로 가장 잘 옮긴 것을 찾고 잘못된 문장은 바로잡으세요.

① 그는 그가 만족할 만큼 소리치길 원했다.

→ He wanted to shout as many as he was satisfied.

② 그 적군은 죽은 거나 다름없다.

→ The enemy is as well as dead.

③ 그는 무려 열 마리나 되는 고양이를 가지고 있다.

→ He has as much as ten cats.

④ 나의 할아버지께서는 여전히 잘 듣지 못하신다.

→ My grandfather can't hear as well as before.

04 우리말을 영어로 가장 잘 옮긴 것을 찾고 잘못된 문장은 바로잡으세요.

① 선생님들은 학생들과 같은 인간일 뿐이다.

→ The teachers are just as human as their students.

② 그는 그녀의 선물로 무려 400달러나 썼다.

→ He paid as many as 400 dollars for her present.

③ 무려 5000명이나 되는 사람들이 지진으로 집을 잃었다.

→ As much as 5,000 people lost their houses by the earthquake.

④ 그녀는 경마에 베팅한 3000달러나 되는 돈을 잃었다.

→ She lost as many as 3,000 dollars betting on horse racing.

05 우리말을 영어로 가장 잘 옮긴 것을 찾고 잘못된 문장은 바로잡으세요.

① 그는 여태 살았던 어떤 정치인보다도 훌륭하다.

→ He is as a great politician as ever lived.

② 사람의 가치는 재산보다도 오히려 인격에 있다.

→ A person's value lies not so much in what he is as in what he has.

③ 그녀는 그것에 대해 언급조차도 하지 않았다.

→ She never so much as mentioned it.

④ 실패는 성공만큼 인생에서 중요하다.

→ Failure is as much as a part of life success.

B 비교급

STEP 1 비교급과 최상급 만들기

	형용사 /부사	비교급	최상급
1음절 단어: -er, -est, 1음절이면서 -e로 끝나는 단어: -r, -st	smart	smarter	smartest
	young	younger	youngest
	wise	wiser	wisest
<단모음+자음>로 끝나는 단어: 자음을 한 번 더 쓰고 -er, -est	big	bigger	biggest
	sad	sadder	saddest
	hot	hotter	hottest
<자음+y>로 끝나는 단어: -y → -ier, iest	pretty	prettier	prettiest
	happy	happier	happiest
3음절 이상이거나 -ful, -ous, -ing 등으로 끝나는 단어: 앞에 more, most를 붙인다	careful	more careful	most careful
	famous	more famous	most famous
	surprising	more surprising	most surprising

■ **불규칙변화**

good /well	better	더 좋은	best	최고의
ill /bad	worse	더 나쁜	worst	최악의
many /much	more	더	most	가장, 최대의
little	less	덜	least	가장 적은, 최소의
old	older	더 나이 많은, 오래된	oldest	가장 오래된
	elder	더 나이 많은	eldest	가장 나이가 많은
late	later	더 늦은	latest	가장 최신의
	latter	후자의	last	마지막의
far	further	정도 상 더 먼	furthest	가장 먼 (정도)
	farther	거리 상 더 먼	farthest	가장 먼 (거리)

06 다음 주어진 단어의 비교급과 최상급을 만드세요.

01   young   →   _____   _____

02   cute   →   _____   _____

03   big   →   _____   _____

04   beautiful   →   _____   _____

05   early   →   _____   _____

07 다음 주어진 단어의 비교급과 최상급을 만드세요.

01   late   →   _____   _____

02   old   →   _____   _____

03   hot   →   _____   _____

04   famous   →   _____   _____

05   pretty   →   _____   _____

08 다음 주어진 단어의 비교급과 최상급을 만드세요.

01   far   →   _____   _____

02   good   →   _____   _____

03   bad / ill   →   _____   _____

04   many / much   →   _____   _____

05   little   →   _____   _____

Check up

비교급

비교급 ~ than	~ 보다 더 ~ 한

- She is prettier than Mina.
  그녀는 미나보다 더 예쁘다.

- She is more beautiful than Mina.
  그녀는 미나보다 더 아름답다.

■ 비교급 주의사항

❶ 비교급 강조의 수식어

┃ 보기 ┃ **much, still, far, by far, a lot, even 등**

- She is <u>much</u> prettier than Mina.
  그녀는 미나보다 훨씬 더 예쁘다.

- She is <u>still</u> more beautiful than Mina.
  그녀는 미나보다 훨씬 아름답다.

❷ 라틴어 비교급 형용사는 앞에 **more**를 쓰지 못하며, **than** 대신 **to**를 쓴다.

┃ 보기 ┃ **superior, inferior, major, prior, preferable 등**

- His ability is superior to his brother's.
  그의 능력은 그의 남자형제보다 우수하다.

- The constitution is prior to all other laws.
  헌법은 다른 모든 법들에 앞선다.

STEP 3 비교급으로 최상급 표현

❶ **비교급 + than any other + 단수명사**

- Paul is more handsome than any other man in the world.
  Paul은 세상에서 어떤 다른 남자보다 더 잘생겼다.

❷ **비교급 + than all the other + 복수명사**

- She is more intelligent than all the other students in her class.
  그녀는 그녀의 학급에서 다른 모든 학생들보다 더 똑똑하다.

Check up

❸ 비교급 + than anyone else

- He is taller than anyone else in his class.
  그는 그의 학급에서 어떤 다른 누구보다 더 키가 크다.

❹ No (other) 단수명사 + 동사 + 비교급 + than + 주어

- No building in Korea is taller than 63 building.
  한국에 있는 어떤 빌딩도 63빌딩보다 높지 않다.

STEP 4 비교급 관용구 1

A is no more B than C is D	C가 D가 아닌 것처럼 A도 B가 아니다. (= A is not B any more than C is D)
no more than	겨우 (= only)
A is no less B than C is D	C가 D인 것처럼 A와 B도 그렇다.
no less than	~만큼이나 (= as much as)
not more ~ than	~보다 ~더 않다
not more than	많아야 (= at most)
not less ~ than	~에 못지않게 ~하다
not less than	적어도 (= at least)
no /little better than	~와 다름없는 (= as good as)
no more /longer	더 이상 ~아니다 (= not ~ anymore /longer)
know better than to V	~할 만큼 어리석지 않다 (= be wise enough not to V)

STEP 5 비교급 관용구 2

the + 비교급~, the + 비교급	~하면 할수록, 더 ~한

- The harder I work, the happier I become.
  내가 더 일을 하면 할 수록, 나는 더 행복해진다.

- The older he gets, the wiser he is.
  그가 더 나이가 들면 들수록, 그는 더 현명해진다.

- The more we have, the more we want to have.
  우리가 더 많이 가지면 가질수록, 우리는 더 가지길 원한다.

- The harder you work, the more you earn.
  네가 일을 더 열심히 할수록, 너는 더 많이 번다.

비교급 + and + 비교급 /more and more + 원급	점점 더 ~한

- As she grew older, she became more and more beautiful.
  그녀는 나이가 듦에 따라, 점점 더 아름다워졌다.

- He studied less and less and his grades became worse and worse.
  그는 점점 덜 공부했고 그의 성적은 점점 악화됐다.

09 우리말을 영어로 가장 잘 옮긴 것을 찾고 잘못된 문장은 바로잡으세요.

① 그는 고작 학생일 뿐이다.

→ He is no less than a student.

② Paul이 그렇지 않은 것처럼 Terry도 똑똑하지 않다.

→ Terry is no smart than Paul is.

③ 다른 사람들의 가치관은 우리 자신의 것만큼 중대하다.

→ Other people's values are no more crucial than our own.

④ 이해하는 마음을 가진 친구는 형제만큼의 가치가 있다.

→ A friend with an understanding heart is worth no less than a brother.

10 우리말을 영어로 가장 잘 옮긴 것을 찾고 잘못된 문장은 바로잡으세요.

① 운동은 우리의 건강에 음식만큼 중요하다.

→ Exercise is no more important to our health than nourishment.

② 그는 무죄를 호소하기 위해 적어도 10,000개의 서명을 받아야 했다.

→ He had to collect not more than 10,000 signatures to plead not guilty.

③ 교육의 기간은 교육의 폭넓음보다는 중요하지 않다.

→ The length of your education is not more important than its breadth.

④ 나는 가끔 스시를 먹는데 고작해야 한 달에 한번이다.

→ I sometimes eat sushi, but not less than once a month.

11 **우리말을 영어로 가장 잘 옮긴 것을 찾고 잘못된 문장은 바로잡으세요.**

① 그의 최근 영화는 이전 작품들보다 훨씬 더 지루하다.

→ His latest film is many more boring than his previous ones.

② 그는 소설가라기보다 오히려 시인이다.

→ He is more of a poet than a novelist.

③ 1972년의 5센트는 오늘날의 5센트보다 더 높은 시장 가치를 지녔기 때문이다.

→ 5 cents in 1972 had much market value than 5 cents today.

④ 사람들은 공공장소에서의 흡연자들을 덜 용인하고 있다.

→ People are less tolerantly of smokers in public places.

12 **우리말을 영어로 가장 잘 옮긴 것을 찾고 잘못된 문장은 바로잡으세요.**

① 그녀는 나의 엄마가 그랬던 것만큼이나 아메리카 원주민이라는 용어를 좋아하지 않았다.

→ She didn't like the term Native American any more than my mother did.

② 나이가 들어가면 들어갈수록 그만큼 더 외국어 공부하기가 어려워진다.

→ The older you grow, the more difficultly it becomes to learn a foreign language.

③ 전화하는 것이 편지 쓰는 것보다 더 쉽다.

→ It's easier to make a phone call than writing a letter.

④ 치안을 유지하는 활동에서 동료 경찰관을 감시하는 것보다 더 어려운 역할은 없다.

→ There is no less difficult role in policing than to police fellow officers.

Check up

C 최상급

STEP 1 최상급

❶ the 최상급 + of (all) 복수명사
❷ the 최상급 + 명사 + in 장소
❸ the 최상급 + 명사 + (that) ~ ever /can
❹ the 서수 + 최상급 + in 장소
❺ one of the 최상급 + 복수명사 + in 장소

• Linda is the most beautiful of all the girls.
  Linda는 모든 소녀들 중에서 가장 아름답다.

• She is the most beautiful girl in the world.
  그녀는 세상에서 가장 아름다운 소녀이다.

• She is the most beautiful girl (that) I have ever seen.
  그녀는 내가 봤던 가장 아름다운 소녀이다.

• July is the second most beautiful.
  July는 두번째로 가장 아름다운 소녀이다.

• He is one of the most famous artists of the 20th century.
  그는 20세기의 가장 유명한 예술가들 중 하나이다.

• She is one of the youngest professors at the university.
  그녀는 대학에서 가장 어린 교수들 중 하나이다.

STEP 2 최상급 관용구

not in the least	전혀 ~ 아니다 (= not at all, never)
at least	적어도 (= not less than)
at most	많아야 (= not more than)
at best	기껏해야 (= not better than)

- She looked not in the least tired.
  그녀는 전혀 피곤해 보이지 않았다.

- He is 30 years old, at least. He looks old.
  그는 적어도 서른이다. 그는 나이 들어 보인다.

- He is 30 years old, at most. He looks young.
  그는 많아야 서른이다. 그는 어려 보인다.

- He is an average student at best.
  그는 기껏해야 평범한 학생이다.

13 **어법상 옳은 것을 고르고 잘못된 문장들은 바로잡고 전부 해석하세요.**

① She was as lovely as any girls.

② Nothing is more importantly than health.

③ She is happiest when she is with her family.

④ Barcelona is the second larger city in Spain.

14 **어법상 옳은 것을 고르고 잘못된 문장들은 바로잡고 전부 해석하세요.**

① She is more beautiful than any other girls in the class.

② John is taller than anyone else in his class.

③ No other men is faster than Bolt in the whole world.

④ He is as a great man as ever lived.

15 **우리말을 영어로 가장 잘 옮긴 것을 찾고 잘못된 문장은 바로잡으세요.**

① 그는 많아야 23살이다.

→ He is 23 years old, at best.

② 그 해결책은 기껏해야 일시적일지 모른다.

→ The solution may be only temporary at most.

③ 그는 모든 소년들 가운데 가장 잘생겼다.

→ He is the most handsome of all the boys.

④ 그의 성적은 흑인 학생들 성적보다 더 좋았다.

→ His grades were better than African American students.

16 우리말을 영어로 가장 잘 옮긴 것을 찾고 잘못된 문장은 바로잡으세요.

① 그는 도시에서 가장 용감한 사람 중 한명이다.

→ He is one of the bravest man in the city.

② 상어는 우리가 맡는 것보다 만 배나 더 냄새를 잘 맡을 수 있다.

→ Sharks can smell 10,000 times best than we do.

③ 그 식사는 별로다, 하지만 적어도 저렴하다.

→ The meal isn't good, but at best it is cheap.

④ 그는 내가 봤던 가장 잘생긴 소년이다.

→ He is the most handsome boy that I have ever seen.

17 우리말을 영어로 가장 잘 옮긴 것을 찾고 잘못된 문장은 바로잡으세요.

① 그녀는 조금도 슬프지 않았다.

→ She is not at most sad.

② 그는 그의 전성기로 기억되고 싶었다.

→ He wanted to be remembered at his best.

③ 마지막에 웃는 자가 가장 통쾌하게 웃는다.

→ He who laughs last, laughs better.

④ 물가가 상승하면 할수록, 노동자들의 임금 인상 요구도 높아졌다.

→ The higher rose prices, the more money the workers asked for.

18 우리말을 영어로 가장 잘 옮긴 것을 찾고 잘못된 문장은 바로잡으세요.

① 그는 회사에서 그 누구 못지않게 자질을 갖췄다.

→ He is more qualified as any man in the company.

② 어떤 것도 자녀에 대한 부모의 사랑만큼 강하지 않다.

→ Nothing is as stronger as parent's love for their children.

③ 두려움은 세상에서 다른 어떤 것보다 더 많은 사람을 패배시킨다.

→Fear defeats more people than any other things in the world.

④ 그것들은 지구상에서 진화한 가장 큰 동물인데, 공룡들보다 훨씬 크다.

→ They are the largest animals ever to evolve on Earth, larger by far than

the dinosaurs.

Actual Test

❖ 비교 실전 독해연습

Actual Exercise 1 다음 주어진 문장을 해석하세요.

01 Reading ten thousand books is not as useful as traveling ten thousand miles.

02 She felt that she was as good a swimmer as he was, if not better.

03 The more she told me about her life, the more I understood her and her views.

04 Having no arms and legs is as natural for me as having them is for most people.

05 That's because high cholesterol often has as much to do with family genes as food.

06 Happiness depends not so much on money as on your way to look at life.

07 The more we try to anticipate these problems, the better we can control them.

08 Great men can no more be made without trials than bricks can be made without fire.

brick (n) 벽돌

Actual Exercise 2   다음 주어진 문장을 해석하세요.

01   Global warming has led to an increase in temperatures and sea levels, and much less polar ice.

polar ice (n) 극빙

02   The more schooling people have, the more money they may earn when they graduate from school.

03   The more complex the train of thought we've involved in, the greater the impairment the distractions cause.

train of thought
일련의 생각
impairment (n) 장애
distraction (n) 주의산만
admission (n) 입장
ride (n) 놀이 기구

04   Visitors at Disneyland pay a high admission price and wait hours for rides that last no more than five minutes.

05   We can use alternative sources of energy that are not as harmful to the environment as those which we are presently using.

alternative (n) 대안, 대체

06   It's no more likely for me to leave my house without checking if the door is locked than it is for me to leave without my clothes on.

07   The percentage of girls is always higher than that of boys at Level 3 and above, whereas the percentage of boys is higher than that of girls at Level 2 and below.

UNIT 8

특수 구문

UNIT
8 특수 구문

Check up

A 강조

STEP 1 강조 구문

It is (was)와 that(which/ who(m)) 사이에 주어, 목적어, 부사구 중 강조하고 싶은 것을 넣어 강조 구문을 만들 수 있다.

- Nancy met Tom at the restaurant yesterday. (본문장)
  Nancy는 어제 식당에서 Tom을 만났다.

❶ 주어 강조

- It was Nancy that met Tom at the restaurant yesterday.
  어제 식당에서 Tom을 만난 것은 바로 Nancy였다.

❷ 목적어 강조

- It was Tom that Nancy met at the restaurant yesterday.
  어제 식당에서 Nancy가 만난 것은 바로 Tom이었다.

❸ 부사구 강조

- It was at the restaurant that Nancy met Tom yesterday. (장소 강조)
  Nancy가 어제 Tom을 만난 것은 바로 그 식당에서이다.

- It was yesterday that Nancy met Tom at the restaurant. (날짜 강조)
  Nancy가 그 식당에서 Tom을 만난 것은 바로 어제이다.

★ 동사를 강조하고 싶은 경우: do/does/did + 동사원형

- She loves you.
  그녀는 너를 사랑해.

- She does <u>love</u> you.
  그녀는 너를 정말 사랑해.

01 다음 문장에서 어떤 요소가 강조된 건지 찾고 해석하세요.

① It's difference that makes a difference.

② It's job that doesn't require a lot of skill or experience.

③ It was her brother that I had hated for a long time.

④ It was not her refusal but her. rudeness that perplexed him.

02 다음 주어진 문장이 강조구문인지 진주어가주어 구문인지 구별하고 해석하세요.

① It was surprising that she ignored the orders.

② It was my car that was towed at the park.

③ It is you that always help me a lot.

④ It was a sad story that made me cry.

⑤ It is a secret that we dump trash every day.

Actual Test

❖ 강조 실전 독해연습

Actual Exercise 1 다음 주어진 문장을 강조구문에 유의하며 해석하세요.

01 It was the recognition of the unconscious conflict that cured her.

recognition (n) 인지, 인식

conflict (n) 충돌

02 It is your sense of pleasure that you are trying to please.

please (v) 만족시키다

03 It is a unique set of tools which enables students to become self-directed learners.

self-directed

(a) 자발적인

04 It is the case that children who do well on IQ tests will be good at learning everything.

case (n) 사실

be good at 잘하다

05 The Renaissance painter Giotto imitated nature so accurately that his teacher swatted at a painted fly on one of Giotto's works.

swat (v) 찰싹 때리다

fly (n) 파리

06 Modern art focuses not only on depicting the world of surfaces, but also the inner world of abstract thoughts and feelings.

depict (v) 묘사하다

abstract (a) 추상적인

07 It was only in 1928, when he went to Paris, that he established himself as an independent fashion and portrait photographer.

establish (v) 확고히 하다

08 It was not until the turn of the last century that motion pictures began to exert their influence on mass culture as we know it today.

motion picture (n) 영화

exert (v) 발휘하다

09 It was Goodall who observed the first evidence of chimps' ability to make tools when this was still considered a unique human capacity.

Check up

B 병렬

문장에서 접속사(and, but 등)를 이용하여 단어와 단어, 구와 구, 절과 절을 늘어놓을 수 있는데 문법적인 성질이 맞아야 한다.

STEP 1 등위접속사에 의한 병치

❶ **명사에 의한 병치**

- Amy is a teacher, an artist and she sings. (x)
- Amy is a teacher, an artist and a singer. (o)
  Amy는 선생님이며, 예술가이며, 가수이다.

❷ **형용사에 의한 병치**

- Amy is pretty, smart and she has a lot of money. (x)
- Amy is pretty, smart and rich. (o)
  Amy는 예쁘면서, 똑똑하고, 부유하다.

❸ **부사에 의한 병치**

- She accepted the proposal well and happy. (x)
- She accepted the proposal well and happily. (o)
  그녀는 그 제안을 잘, 그리고 행복하게 받아들였다.

❹ **동사에 의한 병치**

- Bob likes playing the piano, but hating playing the guitar. (x)
- Bob likes playing the piano, but hates playing the guitar. (o)
  Bob은 피아노를 연주하는 것을 좋아하지만 기타를 연주하는 것은 싫어한다.

❺ **부정사에 의한 병치**

- To learn and practicing is both important to improve your ability. (x)
- To learn and to practice is both important to improve your ability. (o)
  배우고 연습하는 것은 둘 다 너의 능력을 향상시키기 위해 중요하다.

■ **to 부정사가 병치될 때 뒤의 to는 생략할 수 있다.**

- He expected to see her, (to) talk to her, and (to) spend time with her.
  그는 그녀를 보고, 그녀와 대화하고, 그녀와 함께 시간을 보내기를 기대했다.

Check up

⑥ 동명사에 의한 병치

- He is interested in learning foreign languages and to meet people around the world. (x)
- He is interested in learning foreign languages and meeting people around the world. (o)
  그는 외국어를 배우고 전 세계 사람들을 만나는데 흥미가 있다.

⑦ 분사에 의한 병치

- Annoyed and as she was bothered, she yelled out of blue. (x)
- Annoyed and bothered, she yelled out of blue. (o)
  짜증나고 방해 받은, 그녀는 갑자기 소리쳤다.

⑧ 절에 의한 병치

- I watched a movie with exciting story and which kept me guessing. (x)
- I watched a movie which had an exciting story and which kept me guessing. (o)
  나는 흥분되는 이야기를 가지고 계속 나를 궁금하게 하는 영화 하나를 봤다.

STEP 2 상관접속사에 의한 병치

① not A But B에 의한 병치 (A가 아니라 B이다)

- She is not pretty but cute.
  그녀는 예쁜 것이 아니라 귀엽다.

② both A and B에 의한 병치 (A와 B 둘 다)

- He always tries to spend time both caring his family and earning money.
  그는 항상 그의 가족을 돌보고 돈을 버는 데 시간을 쓰려고 노력한다.

③ not only A but also B에 의한 병치 (A뿐 아니라 B도)

- Not only was she sad, but she was also angry.
  그녀는 슬펐을 뿐 아니라, 또한 배고팠다.

④ either A or B에 의한 병치 (둘 중 하나)

- They will buy either a cake or a bottle of wine.
  그들은 케이크나 와인 한 병을 살 것이다.

⑤ neither A nor B에 의한 병치 (둘 다 아님)

- Neither Bill nor Ken is coming to the party.
  Bill이나 Ken 둘 다 파티에 오지 않을 것이다.

03　**어법상 옳은 것을 고르고 잘못된 문장들은 바로잡고 전부 해석하세요.**

① Mike is a politician, a business man and teaches students.

② She is tall, beautiful and passion.

③ The work was skillfully and successfully done.

④ He has several part-time jobs and do his own housework.

04　**어법상 옳은 것을 고르고 잘못된 문장들은 바로잡고 전부 해석하세요.**

① He is a man of both experience and knowledgeable.

② Anger is a normal and health emotion.

③ Exercise offers not just physical benefits but also other benefits.

④ To control the process and making improvement was my objective.

05　**어법상 옳은 것을 고르고 잘못된 문장들은 바로잡고 전부 해석하세요.**

① To take care of and feeding the baby is quite difficult.

② He is interested in reading comic books and drawn cartoons.

③ Surprised and embarrassing, she burst into tears.

④ She likes a detective novel which has exciting stories and which keeps her

　 guessing.

06 어법상 옳은 것을 고르고 잘못된 문장들은 바로잡고 전부 해석하세요.

① Shakespeare was not a musician but wrote plays.

② Peter has not only a great interest but also respectful for the old artist.

③ Either David will obey the manager or gets fired.

④ He said that she was neither pretty nor charming.

Actual Test

❖ 병렬 실전 독해연습

Actual Exercise 1 다음 주어진 문장을 병렬구조에 유의하며 해석하세요.

01 We show you how Fortress TM enhances your strengths and remedies your weaknesses.

remedy (v) 치료하다

02 You are not congratulating yourself, but your listeners for having placed their confidence in you.

03 The mistakes were costly both in terms of direct losses and in respect of the industry's image.

costly (a) 비용이 큰

04 The cleared soil was rich in minerals and nutrients and provided substantial production yields.

clear (v) 개간하다

substantial

(a) 실질적인

yield (n) (생산)량

05 They ignored and ridiculed the navigator's suggestions, remained lost, and ultimately starved to death at sea.

06 Time is not meant to be devoured in an hour or a day, but to be consumed delicately and gradually and without haste.

devour

(v) 게걸스럽게 먹다

delicately (ad) 정교하게

07 What is also important is not the amount of information we collect but how consciously we receive it.

consciously

(ad) 의식적으로

08 Typically, a romance deals with plots and people that are exotic, remote in time or place from the reader, and obviously imaginary.

plot (n) 줄거리
imaginary (a) 가상의

09 She easily picked up information not only from her clients but also from women with whom she socialized often.

socialize (v) 사귀다

Actual Exercise 2 다음 주어진 문장을 병렬구조에 유의하며 해석하세요.

01 A collaborative space program could build greater understanding, promote world peace, and improve scientific knowledge.

collaborative
(a) 공동의

02 Inspector Javert discovered that Monsieur Madeleine was not the mayor's real name but an alias for Jean Valijean, the ex-convict.

alias (n) 가명
ex-convict (n) 전과자

03 In the dry, rugged desert a saguaro cactus can live for more than 200 years, grow to a height of 60 feet, and have as many as 50 arms.

rugged (a) 바위투성이인

04 One study found that the act of smiling not only changed the position of facial muscles but also directly affected heart rate and breathing.

05 Police officers are responsible for maintaining law and order, collecting evidence and information, and conducting investigations and surveillance.

surveillance (n) 감독

06 Inside each person there is a wonderful capacity to reflect on the information that the various sense organs register, and to direct and control these experiences.

sense organ
(n) 감각기관

07 Any helping behavior that is burdensome, interferes with your daily goals and functioning, or causes bitterness would surely backfire as a path to happiness.

bitterness (n) 쓰라림
backfire (v) 역효과를 내다

08 Attributes and values are passed down from parents to child across the generations not only through strands of DNA, but also cultural norms.

attribute (n) 자질, 속성
cultural norm
(n) 문화규범

09 An explicitly stated purpose not only helps the reader follow your argument or perspective but also helps ensure that everything you write reflects that purpose.

explicitly
(ad) 명쾌하게, 명백히
state (v) 말하다, 진술하다

C 도치구문

STEP 1 부정어 도치:

부정어 (not, no, none, little, few, hardly, etc)가 문장 맨 앞에 오면 뒤에 주어동사의 순서가 뒤바뀐다.

- Little did I think that he would leave the town.
  나는 그가 마을을 떠날 것이라고 거의 생각하지 못했다.

- Never have I heard of such a thing.
  난 그런 것을 들어본 적도 없다.

STEP 2 only 부사구 도치:

문장 맨 앞에 Only가 부사 (구, 절)과 함께 나오면 도치가 일어난다.

- Only then did she start to cry.
  바로 그때 그녀는 울기 시작했다.

- Only with a single trial could he achieve success.
  오직 단 한 번의 시도로 그는 성공을 성취할 수 있었다.

- Only when I met her did I hear the news.
  바로 내가 그녀를 만났을 때, 나는 그 소식을 들었다.

STEP 3 장소부사구 도치:

1형식 문장에서 장소 부사가 문장 맨 앞에 오면 도치가 일어난다.

- In the restaurant stands a cute doll.
  식당에 귀여운 인형 하나가 서있다.

- There are apples on the table.
  테이블 위에 사과들이 있다.

07 어법상 옳은 것을 고르고 잘못된 문장들은 바로잡고 전부 해석하세요.

① Never does a wise man quits when he fails.

② On the platform a woman was in a black dress.

③ Under no circumstances should you leave here.

④ Little I knew that the movie would take so long.

08 어법상 옳은 것을 고르고 잘못된 문장들은 바로잡고 전부 해석하세요.

① The sea has its currents, as does the river and the lake.

② Only in this way it is possible to explain their actions.

③ In the middle of difficulty lie opportunity.

④ Not a single mistake did I find in your composition.

09 어법상 옳은 것을 고르고 잘못된 문장들은 바로잡고 전부 해석하세요.

① None of these laws have passed yet into law.

② They didn't believe his story, and so did I.

③ Under no circumstances can a customer's money is refunded.

④ Now come the best part of the movie.

10 어법상 옳은 것을 고르고 잘못된 문장들은 바로잡고 전부 해석하세요.

① Few doctors did hope have for the development of his verbal ability.

② Jane went to the movies, and so does her sister.

③ Happy are those who are content with their lives.

④ Placed 100 yards apart is tall towers.

11 어법상 옳은 것을 고르고 잘못된 문장들은 바로잡고 전부 해석하세요.

① In the outback are huge sheep and cattle ranches called "stations."

② At certain times may this door be left unlocked.

③ Eloquent though was she, she could not persuade him.

④ So vigorous did he protest that they reconsidered his case.

12 어법상 옳은 것을 고르고 잘못된 문장들은 바로잡고 전부 해석하세요.

① So ridiculously did she look that everybody burst out laughing.

② Only through dedicated work a man fulfills himself.

③ On this ship a captain was who was rather shortsighted and slightly deaf.

④ Only a few women wore black for a whole year or limited their jewelry to black jet.

Actual Test

❖ 도치 실전 독해연습

Actual Exercise 1 다음 주어진 문장을 도치를 고려하여 해석하세요.

01 Never have we experienced such an explosion of new production techniques.

02 Only after the meeting did he recognize the seriousness of the financial crisis.

03 Included in this series is "The Enchanted Horse," among other famous children's stories.

04 Only by fully experiencing the depth of our pain can we be healed from it and be done with it.

depth (n) 깊이

05 When he left his hometown thirty years ago, little did he dream that he could never see it again.

06 Not only do children contribute to interactions, but in so doing, they affect their own developmental outcomes.

interaction (n) 상호 작용

07 Little scientific research has been done to find exactly which kinds of music tend to put people in which moods.

which (a) 어떤

08 Only one in five children with a serious emotional
    disturbance actually uses specialized mental health
    services.

disturbance (n) 장애

09 Not only do more Americans own dogs, but an
    unprecedented number of animals are enjoying elevated
    status as true members of the family.

unprecedented
(a) 전례 없는
elevate
(v) 높이다, 승격시키다

10 Not until the dating years, when competition for boys
    becomes an issue, do women report being concerning with
    feminine behavior.

dating years
데이트할 시기

11 Not only did participants predict that the stock price of
    easily pronounceable companies would outperform the
    others, but they also predicted that the latter would go
    down, while the former would rise.

stock price (n) 주가
pronounceable
(a) 발음할 수 있는
outperform
(v) 능가하다

Check up

D 수의 일치

수일치라는 것은 주어의 인칭과 수에 따라 동사를 일치시켜주는 것을 말한다. 주어가 단수(하나)거나
단수 취급될 경우, 동사의 현재형에 's'를 붙인다는 규칙을 기억하면서 다양한 수일치의 예를 알아보자.

STEP 1 수일치 기본

Many	많은	+ 복수명사 + 복수동사
Many a	많은	+ 단수명사 + 단수동사
A number of	많은	+ 복수명사 + 복수동사
The number of	~의 수	+ 복수명사 + 단수동사
*The amount of	~의 양	+ 불가산명사 + 단수동사
*The percentage of	~의 퍼센트	+ 복수명사 또는 불가산명사 + 단수동사

- Many children **are** crazy about Pororo.
  많은 아이들이 뽀로로에 열광한다.

- Many a child **is** crazy about Pororo.
  많은 아이들이 뽀로로에 열광한다.

- A number of babies **are** crying in the same place.
  많은 아기들이 같은 장소에서 울고 있다.

- The number of babies **was** written wrongly.
  아기들의 숫자가 잘못 쓰였다.

STEP 2 부분명사

부분명사가 주어자리에 오고 바로 뒤에 'of + 명사'오면 부분명사가 아닌 of 뒤에 있는 명사에 수를 맞춰준다.

부분명사

most / half / some / (A) part / the rest / 분수 / (A) percent	of 명사 + 동사 (바로 앞 명사에 수일치)

- Half of <u>the employees</u> **were** fired.
  직원들의 절반이 해고되었다.

- Most of <u>them</u> **are** very valuable.
  많은 아기들이 같은 장소에서 울고 있다.

STEP 3 상관접속사와 동사의 일치

both A and B(항상 복수)와 B as well as A(B에 일치)를 제외하고 모두 동사 바로 앞 명사에 수일치를 한다.

- Both Barbie and Ken **hate** each other.
  Barbie와 Ken은 서로 싫어한다

- You as well as he **are** lazy.
  그 뿐만 아니라 너도 게으르다.

- Neither you nor I **was** chosen.
  너와 나 둘 다 선택 받지 못했다.

STEP 4 every, each, either, neither

every	+ 단수명사 + 단수동사
each	+ 단수명사 + 단수동사
each of	+ 복수명사 + 단수동사
either of	+ 복수명사 + 단수동사 (종종 복수동사)
neither of	+ 복수명사 + 단수동사 (종종 복수동사)

- Every student **was** seated silently.
  모든 학생들이 조용히 앉아 있었다.

- Each student **keeps** the secret paper.
  각각의 학생들은 비밀쪽지를 가지고 있다.

- Each of students **has** his or her own character.
  각각의 학생들은 자기 자신만의 성격을 가지고 있다.

- Either of the two children **is(are)** her daughter.
  두 명의 아이들 중 하나는 그녀의 딸이다.

- Neither of the two children **is(are)** her daughter.
  두 명의 아이들 둘 다 그녀의 딸이 아니다.

STEP 5 구와 절은 단수 취급

부정사나 동명사 또는 절이 주어로 쓰일 때는 단수 취급합니다.

- To contact him is very hard.
  그에게 연락하는 것은 매우 어렵다.

- Collecting coins was his hobby.
  동전을 모으는 것은 그의 취미다.

- What I need right now is his money.
  나에게 당장 필요한 것은 그의 돈이다.

What절 뒤에 복수동사가 나온 문장을 본 적이 있으신가요?

What they are going to buy are the books. (o)

What은 절이니깐 단수 취급이라고 생각했는데 복수동사가 나오면 당황할 수 있는 상황!!

이 경우는 사실 '보어 도치' 문장이라고 보셔야 됩니다.
원래 문장은 The books are what they are going to buy 에서 보어인 what절이
문두로 나가고 뒤에 도치가 일어난 것입니다.

13 어법상 옳은 것을 고르고 잘못된 문장들은 바로잡고 전부 해석하세요.

① A number of student are studying very hard to get a job after their graduation.

② The percentage of girls are more than twice the percentage of boys at Level 5.

③ About one-fifth of your cholesterol come from what you eat.

④ The amount of spam has increased dramatically.

14 어법상 옳은 것을 고르고 잘못된 문장들은 바로잡고 전부 해석하세요.

① Two thirds of my classmate are going to look for jobs after graduation.

② One of the physical benefits of meditation for cancer are to boost the immune system.

③ The number of vehicles on freeways and streets are growing at an alarming rate.

④ The extent of Mary's knowledge on various subjects astounds me.

15 어법상 옳은 것을 고르고 잘못된 문장들은 바로잡고 전부 해석하세요.

① Either John or Ted need to confirm how many chairs that we'll need.

② Some animals, such as the ameba and starfish, has no heads.

③ To feel satisfied with your work publishing in a scholarly journal is to take pride in it.

④ None of these institutions has as its first priority the delivery of mental health care.

Actual Test

❖ 수일치 실전 독해연습

Actual Exercise 1 다음 괄호 안에서 어법상 적절한 것을 고르고 해석하세요.

01 A number of doctors (studies / study) hard in order that they can keep abreast of all the latest developments in medicine.

keep abreast of
뒤지지 않다

02 Approximately one-fourth of a worker's income (is / are) paid in taxes and social security to the government.

03 One of the major impacts of this trend (is / are) related to the visual damage of the mountains.

visual (a) 시각적인

04 The difference between the percentages of boys and girls (is / are) smallest at Level 4 and greatest at Level 6.

05 The dengue virus is contracted through contact with mosquitoes, and nearly half of the world's population (is / are) at risk of infection.

contract (v)
(병에) 걸리다

06 Almost 67% of the glaciers in the Himalayan and Tienshan mountain ranges (has / have) retreated in the past decade.

mountain range 산맥

retreat

(v) 없어지다, 후퇴하다

07 In 2016, the percentage of the young Americans who posted photos of themselves (was / were) the highest of all the categories.

08 The first grapefruit trees in Florida, around Tampa Bay, (was / were) planted by Frenchman Count Odette Phillipe in 1823.

grapefruit (n) 자몽

09 To summarize, encouraging someone (has / have) positive effects on his or her ability and leads that person to success.

Actual Exercise 2 다음 괄호 안에서 어법상 적적한 것을 고르고 해석하세요.

01 Three-quarters of what we absorb in the way of information about nature (comes / come) into our brains via our eyes.

02 Most of us (is / are) embarrassed to admit that our opinions can be strongly affected by an appeal to our emotions.

appeal (n) 호소

03 Understanding how climate has changed over millions of years (is / are) vital to properly assess current global warming trends.

assess (v) 평가하다

04 Since the speed cameras on the route came into operation, the reduction in the number of traffic accidents (has / have) indicated an encouraging trend.

05 In the history of science, Galileo's work on the motion of objects (was / were) at least as fundamental a contribution as his astronomical observation.

astronomical
(a) 천문학의

06 According to a recent report, the amount of sugar that Americans consume (does / do) not vary significantly from year to year.

vary
(v) 다르다, 달라지다

07 Sometimes the food, style of dress, and other aspects of life in a new country (is / are) so different that people have a hard time adjusting to this new way of life.

08 A variety of rock groups and rappers from the underground hip-hop community (comes / come) together to perform dance and (puts / put) on an energetic show every year.

Actual Test

❖ 최종 기출 실전 독해연습

Level 1 Exercise 다음 주어진 문장을 분석하고 해석하세요.

01 I have never been to Buffalo, so I am looking forward to going there.

02 You begin to feel thirsty when your body loses 1% of its water.

03 He arrived with Owen, who was weak and exhausted.

04 Without plants to eat, animals must leave their habitat.

05 With no seat at the table, the man had no choice but to stand there.

06 I got scared when I saw the truck closing up on me.

07 It is important that you do it yourself rather than rely on others.

08 More people may start buying reusable tote bags if they become cheaper.

reusable

(a) 재사용할 수 있는

09 Few living things are linked together as intimately as bees and flowers.

intimately (ad) 친밀하게

10 Tom says that it is much easier for him to express his thoughts in Russian than in English.

Level 2 Exercise   다음 주어진 문장을 분석하고 해석하세요.

01 Neither threat nor persuasion could force him to change his mind.

persuasion (n) 설득

02 We had much snow yesterday, which caused lots of people to slip on the road.

03 When we fail to do something, we feel frustrated and we begin trying out other behaviors.

04 The laptop allows people who are away from their offices to continue to work.

office (n)사무실, 직장

05 You might think that just eating a lot of vegetables will keep you perfectly healthy.

06 The situation in Iraq looked so serious that it seemed as if the Third World War might break out at any time.

07 I regret to inform you that you loan application has not been approved.

application

(n) 신청, 응용, 적용

08 All he wanted was sitting with the paper until he could calm down and relax.

09 The oceans contain many forms of life that have not yet been discovered.

10 This law shall come into force on the 1st of June.

Level 3 Exercise 다음 주어진 문장을 분석하고 해석하세요.

01 Other than the fact that he is now in good financial condition, I have no news to report.

02 The number of woman who own guns has been rising rapidly over the past decade.

03 Canny investors are starting to worry that the stock market might be due for a sharp fall.

due for
~할 예정인, 운명인
fall (n) 떨어짐

04 Nine categories of which scholarships will be offered can be seen on the following list.

05   The secret of life is not to do what one likes, but to try to like what one has to do.

06   Teaching is supposed to be a professional activity requiring long and complicated training as well as official certification.

07   He strongly believes that the alternatives offered by Jane won't work.

08   No sooner had he finished one task than he was asked to do another one.

09   The heavy supper she had eaten caused her to become tired and ready to fall asleep.

supper (n) 저녁식사

10   The most important point of wearing high heels is to make a woman feel taller, slimmer and sexier.

Level 4 Exercise   다음 주어진 문장을 분석하고 해석하세요.

01   Happy are those who find joy and pleasure in helping others.

02 Opponents questioned whether safe disposal of nuclear waste could be assured.

opponent (n) 반대자

disposal (n) 처분, 처리

assure

(v) 확인하다, 보장하다

03 It was so quiet in the room that I could hear the leaves being blown off the trees outside.

04 Hamas also agreed that day to temporarily stop firing rockets into Israel.

05 The skeleton supporting this ancient shark's gills is completely different from that of a modern shark's.

gill (n) 아가미

06 There is no knowing how far science may progress by the end of the twenty first century.

07 Children raised on farms are less likely to be influenced by allergies, asthma, and autoimmune diseases.

asthma (n) 천식

autoimmune

(a) 자가 면역의

08 Please let me know what steps you are going to take to solve this problem immediately.

take steps
조치를 취하다

09 I walked on as briskly as the heat would let me until I reached the road which led to the village.

briskly

(ad) 힘차게, 활발하게

10 The language which a man speaks is not an individual inheritance, but a social acquisition from the group in which he grows up.

Level 5 Exercise 다음 주어진 문장을 분석하고 해석하세요.

01 My father would not accompany us to the place where they were staying, but insisted on me going.

accompany
(v) 동행하다 (cf. company 동료, 친구, 회사)

02 The Islamist movement has vowed to resume rocket fire if Israel does not fully open the border crossings.

vow (v) 단언하다
crossing (n) 건너기

03 Blessed is the man who is too busy to worry in the day and too tired to lie awake at night.

04 What surprised us most was the fact that he said that he had hardly arrived at work late.

05 Most students are unwilling to believe that their teachers are human beings with human weakness.

unwilling (a) 꺼리는
(=reluctant)

06 Consequently, the vast majority of healthcare professionals believe that the benefits of immunization far outweigh their few risk.

immunization
(n) 예방 접종
outweigh (v) 능가하다

07 The child sits quietly, schooled by the hazards to which he has been earlier exposed.

08 The elite campus-based programs which he will be taking next semester are scheduled to be extremely difficult.

09 The financial rewards of owning your own business may not happen until you put in years of hard work.

10 That is, we must formulate explicit theories in order to reach a satisfactory explanation of the facts.

formulate (v)만들어 내다

explicit (a) 명백한

Level 6 Exercise 다음 주어진 문장을 분석하고 해석하세요.

01 I am seriously considering switching over to one of your competitors who are eager to provide better services.

02 Teachers can apply many strategies to reduce the negative impact of anxiety on learning and performance.

03 Previously, many scientists had believed that shark gills were an ancient system that predated modern fish.

predate (v) 앞서다

04 The learning and knowledge that we have is at the most but little compared with that of which we are ignorant.

05 With such a diverse variety of economical appliances to choose from, it's important to decide what is best.

economical
(a) 경제적인, 실속 있는

06 When she felt sorrowful, she used to turn toward the window, where nothing faced her but the lonely landscape.

07 It is impossible to say how the idea first entered my brain; but once conceived, it haunted me day and night.

conceive
(a) (생각을) 품다
haunt
(v) 계속 떠오르다

08 A number of experts argue that, in the long run, providing foreign aid doesn't really help underdeveloped countries.

09 Rather than looking to the past and assigning blame, focus on what you can do right now to solve the problem.

assign
(v) 탓으로 돌리다

10 Most of the research claiming that firstborns are radically different from other children has been discredited.

firstborns (n) 첫째
radically (ad) 근본적으로
discredit
(v) 신용하지 않다

01 Those who believe in foreign aid argue the fund must be more carefully monitored to ensure they are used effectively.

monitor (v) 감시하다

02 Adolescents who exercise have more positive personality traits and social acceptance than those who do not exercise.

03 Cat brains have folds similar to human brains, allowing them to pack in 300 million neurons, which transmit messages to and from the brain.

folds (n) 주름

transmit (v) 전송하다, 전달하다

04 "They have evolved through time to improve upon the basic model," says John Maisey, a paleontologist who helped identify the fossil.

paleontologist (n) 고생물학자

05 Unlike family relations, which one cannot pick and choose, peer relationships can be relatively easily established and just as easily destroyed.

relatively (ad) 상대적으로

06 Advertisers seek to reach a target audience consisting of those consumers most likely to be influenced favorably by their messages.

advertiser (n) 광고업자

favorably (ad) 우호적으로

07 Such media are useful vehicles for advertisers selling products such as soap, clothes, foodstuffs, or retail services that nearly every household might use.

vehicle (n) 수단

08 It now seems that any effects of birth order on intelligence or personality will likely be washed out by all the other influences in a person's life.

birth order 출생순서

09 If any country demands that some other country change its domestic policies, the former shall be condemned of interfering with another's domestic affairs.

domestic (a) 국내의

10 Researches from a university surveyed more than 3,000 primary school children of all ages and found that 10% of them suffer from poor working memory, which seriously impedes their learning.

impede (v) 방해하다

Level 8 Exercise 다음 주어진 문장을 분석하고 해석하세요.

01 Companies say the main hurdle to explosive growth in the sphere of internet business is that only 40 million people in India are estimated to have access to the Internet.

hurdle (n) 장애
sphere (n) 영역

02 McAuliffe, who had been chosen to be the first teacher in space, was planning to broadcast lessons directly to schools from the shuttle's orbit around Earth.

broadcast (v) 방송하다

03 Reading and studying were more permissible for girls, but they, too, had to be careful not to get too intellectual, lest they acquire the stigma of being 'stuck up.'

stigma (n) 낙인

04 The impetus for this act was provided by corrupt practices in the House of Commons, and by the massive increase in population occurring during the industrial revolution.

impetus (n) 추동력
act (n) 법률

05 Developed countries have been attempting to alleviate poverty in the world's poorest countries for decades by donating large sums of money to their governments.

alleviate (v) 완화시키다

06 It was reportedly estimated that this year's rice harvest would suffer a considerable decrease because of the unusually long spell of dry weather we have had in the southern areas.

considerable (a) 상당한

07 Children therefore need to make much more of an effort to strengthen and maintain relationships with their peers than with their siblings and parents — or any other adult, for that matter.

08 The first coffeehouse in western Europe opened not in a center of trade or commerce but in the university of Oxford, in which a Lebanese man named Jacob set up shop in 1650.

09 Just as a picture or a piece of furniture takes on much more interest if you know its history, so does a man become more real once the ancestral elements that shaped him are known.

ancestral (a) 조상의

10 In 2013, a state of emergency in Beijing resulting from the dangerously high levels of pollution led to chaos in the transportation system, forcing airlines to cancel flights due to low visibility.

visibility (n) 가시성, 시야

Level 9 Exercise 다음 주어진 문장을 분석하고 해석하세요.

01 It is not just the newness of contemporary literature that makes it different, but also the context in which it is written and received, something which gives it a very interesting edge over the literature of the past.

contemporary
(a) 현대의, 동시대의
context (n) 상황, 문맥

02 To bring about an increase in exports, it is important for us to sell commodities of excellent quality and a low price. It is all the more important, however, to see to it that perfect after sales service is provided.

commodity (n) 상품

03 In countries where religion has been closely identified with a people's culture, as in Hinduism and Islam, religious education has been essential to maintaining the society and its traditions.

identify
(v) 확인하다, 동일시하다

04 A graph of monthly climatological data shows the warmest, coolest, wettest and driest times, Also, weekends are highlighted on the graph to help you quickly locate the weekend weather should you have activities planned.

climatological
(a) 기후학적
locate (v) 찾다

05 One reason that energy prices are so volatile is that many consumers are extremely limited in their ability to substitute between fuels when the price of natural gas, for example, fluctuates.

volatile (a) 변동이 심한, 변덕이 심한, 휘발성의
fluctuate (v) 심하게 오르내리다

06 In a UK survey conducted a couple of years ago it was found that 91 percent of women felt that advertisers didn't understand them, despite the fact that a fifth of all media advertising was aimed at women rather than men.

conduct (v) 시행하다

07 Who we believe we are is a result of the choices we make about who we want to be like, and we subsequently demonstrate this desired likeness to others in various and often subtle ways.

subsequently (ad) 그 뒤, 나중에
likeness (n) 유사성
subtle (a) 미묘한

08 Within the last fifty years zoo exhibits have been transformed from simple cages designed to retain and display animals to sophisticated enclosures which provide places where animals may remain hidden from the public but which also offer the visitors with minimal disturbance to animals.

transform (v) 변형시키다
retain (v) 보유하다
sophisticated (a) 정교한
enclosure (n) 울타리
disturbance (n) 방해

09 These children's lack of schooling would make it difficult
    for them to get jobs that would enable them to escape from
    poverty, thus recreating the conditions that led to their own
    illiteracy.

recreate (v) 재창조하다
illiteracy (n) 문맹

10 A general lack of knowledge and insufficient care being
    taken when fish pens were initially constructed meant that
    pollution from excess feed and fish waste created huge
    barren underwater deserts.

insufficient (a) 불충분한
fish pen 어장

마왕영어

정답 및 해설

Unit 1 1단계: 단어와 문장의 이해

01
① 절
② 단어
③ 구
④ 절
⑤ 단어

02
① 단어
② 구
③ 구
④ 절
⑤ 단어, 구

03
① 형용사
② 동사
③ 형용사
④ 형용사
⑤ 부사
⑥ 형용사
⑦ 부사
⑧ 명사
⑨ 명사
⑩ 동사

04
① 형용사
② 부사
③ 동사
④ 명사
⑤ 형용사
⑥ 명사
⑦ 형용사
⑧ 명사
⑨ 명사
⑩ 형용사

05
정답 ④
① resorted in → resorted to (resort to: 의지하다, 의존하다)
② account → account for (account for: 차지하다)
③ object → object to (object to: ~에 반대하다)

해석
① 정중한 요청들이 실패했을 때, 그는 협박에 의지하였다.
② 비닐봉지는 모든 해양 쓰레기의 12퍼센트를 차지한다.
③ 일부 마을사람들은 새로운 시설을 세우는 것을 반대한다.
④ 그녀의 아버지와 함께하는 모든 순간이 그 소녀에겐 중요하다.

06
정답 ④
① insisted → insisted on
insist on: 주장하다, 우기다
② rely to → rely on
rely on: 의지하다, 의존하다
③ pay → paying
여기 쓰인 to는 전치사 to이다. 전치사 뒤에는 명사만이 올 수 있는데 명사역할은 하는 동명사도 가능하다.

해석
① 그들은 애도의 감정을 드러내기 위해 검은색 옷을 입자고 주장했다.
② 나는 그들이 그들의 목적들을 달성하기 위해 소송에 의존하지 않기를 바란다.
③ 이 회사의 직원들은 더 많은 세금을 내는 것에 반대한다.
④ 이 사람들은 들쭉날쭉 거리는 수입을 다루는 방법을 찾아야 한다.

07
정답 ②

① to → on
count on: 의지하다

③ from → in

result in으로 써야 뒤에 결과가 나온다.

④ for → through

go through: 겪다

08

정답 ③

prove는 판단을 나타내는 2형식 동사이며 to be와 함께 쓸 수 있다.

① wonderfully → wonderful

taste는 감각동사로 형용사를 보어로 받는다. 그런데 wonderfully는 부사이므로 형용사형인 wonderful로 바꿔야한다.

② to eating → to eat, eating

like는 to부정사와 동명사 모두 목적어로 받을 수 있지만 to + ing형을 목적어로 쓰지는 않는다.

④ to listen → listening

give up은 동명사를 목적어로 받는 동사이다.

해석

① 한국 사과는 맛이 훌륭합니다.

② 나는 야채를 먹는 것을 좋아하지 않는다.

③ 그는 뛰어난 젊은 경찰관으로 입증되었다.

④ 그녀는 전체 강의 듣는 것을 포기했다.

09

정답 ④

love는 to부정사과 동명사 모두를 목적어로 받을 수 있다.

① to answer → answering

avoid는 동명사를 목적어로 받는 동사이다

② to reading → reading

finish는 동명사를 목적어로 받는 동사이다

③ planting → to plan

plan은 to부정사를 목적어로 받는 동사이다.

해석

① 그 여자는 형사의 질문들에 대답하는 것을 피했다.

② 그는 막 우주선에 대한 기사 읽기를 끝냈다.

③ 우리는 우리 정원에 양배추와 당근을 심기로 계획했다.

④ 인간은 궁금해 하기를 매우 좋아한다, 그리고 그것이 과학의 씨앗이다.

10

정답 ③

mean은 의도하다는 뜻으로 쓰일 때 to부정사가 목적어로 온다.

① sending → to send

decide는 to부정사를 목적어로 받는 동사이다.

② to turn → turning

mind는 동명사를 목적어로 받는 동사이다.

④ change → to change

want는 to부정사를 목적어로 받는 동사이다.

해석

① 그는 사장한테 이메일을 보내기로 결심했다.

② 라디오를 꺼도 될까요?

③ Paul은 어머니께 거짓말하려고 의도하지 않았다.

④ 상황은 우리가 그것들을 바꾸기를 원할 때 오직 바뀐다.

p14

11

정답 ④

remember와 forget은 둘 다 뒤에 to부정사가 오면 '~ 할 것을'이라는 미래로, 뒤에 동명사가 오면 '~했던 것을' 이라는 과거의 의미를 갖는다. ④번 예문에서 이 음악을 이미 들은 것이니깐 과거로 가야 맞다.

① remaining → to remain

힘든 상황이 오면 침착함과 이성을 유지해야 한다는 미래의 지침을 이야기하고 있으므로 to부정사가 적절하다.

② to hear → hearing

할아버지께 이미 '과거에' 들은 것이므로 동명사가

적절하다.

③ pulling → to pull

앞으로 그래야 하는 것이기 때문에 to부정사가
적절하다.

12
정답 ③

try -ing는 '시도하다, 한 번 해보다'라는 의미를 갖고
있다.

① saying → to say

regret는 뒤에 to부정사가 오면 '~하게 되어 유감이다'
라는 미래의 의미를, 동명사가 오면 '~했던 것에
유감이다'라는 과거의 의미를 나타낸다.

② being → to be

'노력하다'라는 뜻은 try + to부정사를 이용하여
나타낸다.

④ asking → to ask

stop + to부정사로 사용해야 '~하기 위해서 멈추다'
라는 의미가 된다.

13
정답 ④

put off는 동명사를 목적어로 받는 동사이다.

① resembles with → with 삭제

resemble은 해석상 전치사가 필요할 것 같지만 (~
와 닮다) 동사 뒤에 목적어가 바로 나오는 3형식
동사이다.

② emphasized about → about 삭제

emphasize는 해석상 전치사가 필요할 것 같지만 (~
에 대해 강조하다) 동사 뒤에 목적어가 바로 나오는 3
형식 동사이다.

③ to take → taking

avoid는 동명사를 목적어로 받는 동사이다.

해석
① Rachel은 아버지보다는 어머니를 닮았다.
② 선생님은 협동의 중요성에 대해 강조하셨다.

③ 어떤 상황에서도 네 행동에 대해 책임지는 것을
    피하지 마라.
④ 많은 사람들이 치료에 대한 두려움 때문에
    치과의사에게 가는 것을 미룬다.

14
정답 ③

obey는 '~에게 복종하다'라는 뜻으로 전치사 to와 잘
어울릴 것 같지만 전치사 없이 쓰는 3형식 동사이다.

① popularly → popular

become은 2형식 동사로 형용사나 명사가
보어자리에 올 수 있다. popularly는 부사이기 때문에
형용사형인 popular이 오는 것이 적절하다.

② discuss about → discuss

discuss도 obey처럼 전치사 없이 바로 목적어가 오는
3형식 동사이다.

④ strangely → strange

sound도 become처럼 2형식 동사이며 감각동사이기
때문에 형용사를 보어로 받는다. strangely는
부사이기 때문에 형용사형인 strange가 오는 것이
적절하다.

해석
① 그 클럽은 입소문을 통해서 인기를 얻었다.
② 우리는 정말로 이 문제를 논의해야 한다.
③ 너는 선임 장교들에게 복종해야 한다.
④ 이상하게 들릴지 모르겠지만 그것은 사실이다.

15
정답 ④

remember와 regret는 둘 다 뒤에 to부정사가 오면
'~할 것을'이라는 미래로, 뒤에 동명사가 오면 '~
했던 것을'이라는 과거의 의미를 갖는다. ④번 문장은
미래의 행위에 대한 명령법이기 때문에 to부정사와 잘
어울린다.

① to live → living

quit은 동명사를 목적어로 받는다.

② to laugh → laughing
문맥상 코미디 프로그램이 너무 재밌어서 웃는 것을 멈추지 못한 것이므로 '~하는 것을 멈추다'라는 의미의 stop + ing를 쓰는 것이 자연스럽다.

③ to make → making
문맥상 (과거에) 잘못된 결정을 했던 것을 후회하지 말라는 것이므로 과거의 의미를 가진 동명사가 와야 잘 어울린다.

해석
① 더 행복한 삶을 위해서, 다른 이들의 기대에 따라 사는 것을 그만 두어라.
② 우리는 그 코미디 프로그램이 매우 재미있었기 때문에 웃는 것을 멈출 수 없었다.
③ 잘못된 결정을 내린 것을 후회하지 마라, 그것으로부터 배워라, 계속 나아가라, 그리고 뒤돌아보지 마라!
④ 당신은 세탁기에 이 바지들을 넣기 전에 주머니를 살펴볼 것을 기억해라.

16
정답 ④

① to → for
② with → from
③ from → for

해석
① 그는 5달러 지폐를 1달러짜리 지폐 다섯 장으로 바꿨다.
② 나는 그와 그의 남자형제를 거의 구별하지 못한다.
③ 많은 사람들은 건강한 대안으로 고기 대신에 콩을 사용한다.
④ 어젯밤에 나는 손님 앞에서의 무례한 행동 때문에 아이들을 꾸짖었다.

17
정답 ①

explain은 '~에게 ~을 설명해주다'라는 뜻으로 4형식 동사 같지만 3형식 동사이다. 따라서 간접 목적어 앞에 전치사 to를 붙여주어 문법상 3형식의 구조를 유지해줘야 한다.

② of → from
③ for → as
④ local politicians → to local politicians.
give는 4형식 동사가 맞지만 간목, 직목의 순서로 배열되어야 한다. 간목, 직목의 순서를 바꾸려면 전치사 to를 사용하여 3형식으로 써야한다.

해석
① 그는 나에게 그 문장의 의미를 설명해 주었다.
② 모든 고양이가 똑같아 보여서, 나는 그들을 서로 구별할 수 없었다.
③ 성공한 사람들은 두려움을 하나의 원동력으로 여기는 것을 선호한다.
④ 그는 그 지역 정치인에게 돈을 준 것을 인정하지 않았다.

18
정답 ①

② for → of
③ to → from
④ from → of

해석
① 나의 일은 내게 매일 모험을 할 기회를 제공한다.
② 두 명의 키가 큰 남자들이 은행에서 모든 돈을 털었다.
③ 하늘에서 인공위성이 떨어지지 않게 하는 것은 무엇인가?
④ 목욕을 하는 것은 하루의 모든 긴장을 당신에게서 덜어줄 것이다.

19
정답 ②

① from → of

③ of → with
④ with → from

해석
① 그녀는 그녀가 일하는 회사의 대표이사를 횡령 혐의로 고발하였다.
② 의사들은 그의 빠른 회복을 병을 이기겠다는 그의 강한 의지 덕분으로 돌렸다.
③ 속담은 우리에게 시간을 초월한 지혜와 충고, 경고와 격려를 제공한다.
④ 그 조직은 다른 사람들이 개인에 해를 끼치지 못하게 하도록 노력했다.

20
정답 ④

① to → from
② for → from
③ from → as

해석
① 그 프로그램은 아이들이 과다하게 TV를 시청하는 것을 막도록 디자인되었다.
② 다치는 것에 대한 두려움이 그가 무모한 행동에 관여 하는 것을 막지는 않았다.
③ 나는 이제 삶 그 자체를 내가 내 자신을 위해 써온 놀라운 극으로 간주한다.
④ 우리는 여가를 재충전하는데 매우 중요한 시간으로 여긴다.

❖ 단어와 문장의 이해 실전 독해연습

Actual Exercise 1

1. (1형식) 폭우로 인해 그 강은 120cm 상승했다.
2. (1형식) 중국의 러시아산 원유의 수입은 2014년에 36%까지 치솟았다.
3. (1형식) 게임 산업은 시장에서 변화하는 사정에 적응하여야만 한다.
4. (2형식) 만년필은 약 백 년 전에 처음으로 상업적으로 활용 가능하게 되었다.
5. (3형식) 연어는 비록 바닷물에서 살아가지만 민물에서 알을 낳고 죽는다.
6. (3형식) 세계보건기구는 의료서비스에 대한 접근성을 기본적인 인권으로 여긴다.
7. (3형식) 많은 사람들이 부실한 고객 서비스와 인상된 요금 때문에 항공 업계를 비판한다.
8. (3형식) 인터넷 기술 자체가 누군가가 정보의 자유로운 흐름을 막지 못하게 한다.
9. (2형식) 당시에는 미국의 핵에너지에 대한 미래가 밝아 보였다.
10. (3형식) 그들은 또한 결혼을 장기간에 걸친 헌신으로 여기고, 그들의 목적과 목표와 의견을 같이한다.

Actual Exercise 2

1. (1형식) 첫 의사결정과 행동들은 사건의 본질이나 유형에 따라 달라진다.
2. (2형식) 우리 모두는 선생으로써의 우리 자신의 잠재력을 깨닫게 되어야 한다.
3. (1형식) 지구온난화는 기온과 해수면의 증가와 훨씬 적어진 극빙을 초래해왔다.
4. (3형식) 북미 원주민들은 전통적으로 말을 공동의 운명을 지닌 동료로 여겨왔다.
5. (2형식) 저희는 기상악화로 인하여 약간의 지연이 있는 점을 여러분께 알려드리게 되어 유감입니다.
6. (3형식) 그 혁신적인 상품은 학생들에게 스스로 지식을 습득할 수 있다는 자신감을 제공한다.
7. (3형식) 그녀의 방의 반대쪽에서 수줍어하며 내게 다가와서는 약간 떨었고, 내 옆에 앉았다.
8. (3형식) 육체적으로 명상은 암에 대한 불안한 마음과 치료에 대한 부작용 완화에 도움이 된다.
9. (3형식) 추운 날씨와 의사의 충고도 할머니가 산에 오르는 것을 막을 수 없었다.
10. (2형식) 대중들의 이해와 완전한 협력이 있지 않는 한, 환경오염을 없애기 위한 운동은 소용없을 것이다.
11. (5형식) 포크, 숟가락, 그리고 칼과 같은 현대 기술의 경이로움과 더불어, 더 부드러운 음식을 포함하는 현대 식단은 사랑니의 필요성을 존재하지 않게 만들었다.

Unit 2 2단계: 구 (준동사)

01
정답 ③

to부정사가 진주어인, 진주어 가주어 구문이다. 본래 문장은 To become a famous singer is a difficult path.이다.

① Run → To run(또는 Running 동명사 파트에서 학습)
run과 is는 둘 다 동사이다. 접속사 없이 한 문장에 동사가 두 개가 올 수 없으므로 run이 명사로 주어 역할을 할 수 있게 to를 붙여 to부정사로 만들어준다.
② stay → to stay
동사 stay가 목적어 역할을 할 수 있게 준동사로 만들어줘야 하는데 choose는 to부정사를 목적어로 받는 동사이다.
④ make → to make
동사 make가 목적어 역할을 할 수 있게 준동사로 만들어줘야 하는데 agree는 to부정사를 목적어로 받는 동사이다.

해석
① 10킬로미터를 달리는 것은 매우 어렵다.
② 그녀는 게임에 관여하지 않기로 선택했다.
③ 유명한 가수가 되는 것은 힘든 길이다.
④ 우리 모두가 그 게임을 위한 규칙을 만드는데 동의했다.

02
정답 ④

① require → requires
to부정사는 단수 취급한다. 주어가 3인칭 단수이면서 동사가 현재형으로 쓰이면 동사에 s를 붙인다.
② conquer → to conquer
③ made hard → made it hard
이 문장은 5형식 문장으로 to do the job right는 목적어로 쓰였지만 길어서 목적보어인 hard 뒤로 간 경우이다. 이 경우 가짜목적어 it으로 본래 목적어자리를 채워줘야 한다.

해석
① 가파른 언덕을 오르는 것은 처음에 느린 속도를 필요로 한다.
② 두려움을 정복하는 것이 지혜의 시작이다.
③ 그녀의 너무 심한 관심이 그 일을 올바르게 하는 것을 어렵게 만들었다.
④ 일하는 것과 돈 버는 것은 별개의 것이다.

p33
03
정답 ④

① to wear what → what to wear
의문대명사와 to부정사를 함께 사용할 수 있는데 의문대명사 뒤로 to부정사가 온다.
② are → is
to부정사는 단수 취급한다.
③ trust → to trust

04
정답 ①

동사 begin은 동명사와 to부정사를 둘 다 목적어로 받을 수 있는 동사이다.

② cooperating → to cooperate
③ to preparing → to prepare
④ share → to share

05
정답 ②

진주어 가주어 구문이다.

① do → to do
③ call philanthropy → call it philanthropy
진목적어 가목적어 구문이다.
④ made scientists difficult → made it difficult for scientists

06

정답 ②

여기서 to spend는 fifteen dollars를 꾸며 주는 형용사 역할을 하고 있다.
①, ③, ④는 부사적 용법으로 쓰였다.

해석

① 그는 며칠 전에 친구를 배웅하기 위해 역으로 갔다.
② 제 예산이 빠듯합니다. 제가 쓸 수 있는 돈은 15 달러뿐입니다.
③ 간단명료하게 말하자면, 이것은 시간 낭비이다.
④ 좋은 결과를 얻으려면 반드시 빈틈없는 조사를 해야 해.

07

정답 ②

① talk → talk to /with
to부정사가 명사를 수식할 때 필요한 경우 전치사를 써줘야 하는데 이 문장에서는 '~와 함께 이야기하다'로 연결되어야 하므로 전치사 to나 with와 함께해야 한다.
③ turn → turn to
turn to '의지하다'
④ live → live on
live on '~를 먹고 살다'

p37

08

정답 ②

여기서 to부정사는 부사적 용법으로 쓰였다.

① Express → To express
여기서 to부정사는 명사적 용법으로 주어역할을 하고 있다.
③ to take → take out
take out '포장하다' 형용사적 용법으로 food를 꾸미고 있다.
④ failing → fail

09

정답 ③

① making → to make
문장이 끝나고 to make her feel better이 '~하기 위해서'로 해석되는 부사적 용법으로 사용되어야 전체적으로 자연스럽다.
② to achieve → achieve
to achieve it at all costs는 하나의 문장으로 주어가 생략된 명령문으로 볼 수 있다. 따라서 준동사가 아닌 동사원형으로 사용해야 된다.
④ think wrong → think it wrong
진목적어 가목적어 구문이다.

해석

① 나는 그녀의 기분이 나아지게 하기위해 그녀에게 뭐라고 말해야할지 모르겠다.
② 만약 당신이 어떤 일을 달성하는 것을 결심한다면, 무슨 수를 써서라도 그것을 달성해라.
③ 나는 이번 주말에 놀이동산에 갈 것을 기대한다.
④ 몇몇 사람들은 그들의 감정과 걱정을 다른 사람들과 공유하는 것이 잘못된 것이라고 생각한다.

p39

10

정답 ③

동사 begin은 동명사와 to부정사를 둘 다 목적어로 받을 수 있는 동사이다.

① to elect → electing
consider은 동명사를 목적어로 받는 동사이다.
② Cram → To cram 또는 Cramming
④ to meet → meeting
과거의 일을 기억하는 것이기 때문에 동명사를 목적어로 사용해야 된다.

해석

① 그 회원들은 그를 그들의 매니저로 선출하는 것을 고려하고 있다.

② 중요한 시험을 위해 벼락공부를 하는 것은 결코 좋은 생각이 아니다.

③ 그 아기는 엄마가 그들 침대에 내려놓자마자 울기 시작했다.

④ 나의 이모는 파티에서 그녀를 만난 것을 기억하지 못한다.

11
정답 ②

put off는 동명사를 목적어로 받는 동사이다.

① being → to be
pretend는 to부정사를 목적어로 받는 동사이다.
③ to watch → watching
enjoy는 동명사를 목적어로 받는 동사이다.
④ to be → being
imagine은 동명사를 목적어로 받는 동사이다.

해석
① 그 현명한 남자는 곰 앞에서 죽은 척했다.
② 그들은 그들의 여름휴가를 계획하는 것을 미뤘다.
③ 나는 월요일마다 9시 TV 퀴즈쇼 시청을 즐긴다.
④ 그녀는 결혼 후에 엄마가 되는 것을 상상했다.

12
정답 ④

hate는 to부정사와 동명사 둘 다 목적어로 받을 수 있다, 그래서 그것의 목적어로 온 것이 to admit인데 admit는 목적어로 동명사를 받는다, 그래서 그것의 목적어로 온 것이 liking인데 like는 to부정사와 동명사 둘 다 목적어로 받을 수 있다, 그래서 그것의 목적어로 온 것이 dance이다. 이렇듯 준동사도 기본적으로는 동사의 역할이 남아 있기 때문에 자체적으로 목적어를 계속 가질 수 있다.

① to living → to live 또는 living
동사 is 다음에는 보어가 필요하다.
② Play → To play 또는 Playing
③ to wear → wearing

해석

① 많은 사람들에게 있어 삶의 목표는 가능한 행복하게 사는 것이다.
② 컴퓨터 게임은 재미있지만 보람이 없다.
③ 몇몇의 사람들은 자동차에서 안전벨트 매는 것을 피한다.
④ 나는 사람들 앞에서 춤추는 것을 좋아한다고 인정하는 것이 싫다.

13
① confusing
규칙이 혼란을 일으키는 것이므로 현재분사를 사용한다.

해석 그 혼란을 일으키는 규칙은 많은 문제를 만든다.

② changed, confused
바뀐 계획이므로 과거분사를, 그 바뀐 계획에 의해서 그들이 혼란에 빠지게 된 거니깐 과거분사를 사용한다.

해석: 그 바뀐 계획은 그들을 혼란에 빠지게 만들었다.

③ annoying
그녀는 나를 항상 방해하는 짜증을 일으키는 여자이므로 현재분사를 사용한다.

해석: 내 생각에 그녀는 짜증나는 여자이다, 왜냐하면 그녀는 나를 항상 방해하기 때문이다.

④ annoyed
내가 그녀에게 뜨거운 커피를 쏟아서 그녀가 짜증이 나게 된 것이므로 과거분사를 사용한다.

해석: 내 생각에 그녀는 짜증이 났다, 왜냐하면 내가 그녀에게 뜨거운 커피를 쏟았기 때문이다.

⑤ excited
콘서트로 인해 청중들이 흥분하게 된 것이므로 과거분사를 사용한다.

해석: 콘서트는 청중들을 흥분되게 만들었다.

⑥ shocked
시체를 본 것으로 인해 충격을 받게 된 것이므로
과거분사를 사용한다.

해석: 그녀는 시체를 봐서 충격을 봐서 받았다.

⑦ shocking
그 뉴스가 충격을 주는 것이므로 현재완료를
사용한다.

해석: 그 뉴스는 충격적이었다.

⑧ moving
move는 '감동시키다'라는 뜻이 있는데 그 이야기가
감동을 주는 것이므로 현재분사를 사용한다.

해석: 그 이야기는 매우 감동적이다.

⑨ moved
이야기를 들어서 감동을 받게 된 것이므로 과거분사를
사용한다.

해석: 그는 그 이야기를 들어서 매우 감동받았다.

14
정답 ④
walking together은 현재분사로 앞에 있는 커플을
꾸며준다.

① belongs → belonging
이 문장에서 진짜 동사는 was이기 때문에 나머지
동사들은 다 준동사 처리를 해줘야 한다. 특히 주어진
해석에서 클럽에 소유된 책이라고 해석이 되니 분사를
사용해서 형용사 역할을 하도록 한다. belong to
는 자동사이기 때문에 과거분사가 아닌 현재분사로
만들어준다.
② have → has
sent to her은 The present를 수식하는 분사이다.
따라서 The present가 주어인데 단수이므로 동사는

has가 적절하다.
③ washed → washing
설거지를 능동적으로 하고 있는 것이므로 현재분사가
잘 어울린다.

15
정답 ④
participating in the contest가 The girl을 꾸미고
있다. 직접 참여하는 것이므로 현재분사가 적절하다.

① drowned → drowning
물에 빠지는 것이므로 현재분사가 적절하고, 동반된
수식어가 없어 한 단어이므로 앞에서 뒤로 수식한다.
② limiting → limited
'국한되어진'이라는 수동의 의미로 쓰여서 과거분사
적절하다. limited to women이 앞에 있는 a fashion
item을 수식한다.
③ sets → set
이 문장에서 주어는 A few words인데 복수형이기
때문에 동사 sets에서 s가 빠져야 된다.

16
정답 ①
증가하고 있는 것이므로 현재분사가 적절하다.

② using → used
이 문장은 부사 the most widely가 형용사 역할을
하는 분사 used를 꾸며주고 used는 명사인 spices
를 꾸며주는 구조이다. 사용되어지는 것이므로
과거분사가 적절하다.
③ boring → bored
bored from the long TV show가 앞에 있는 The
man을 꾸며주고 있는데 오랜 TV쇼 시청에 의해서
지루하게 된 것이므로 과거분사가 적절하다.
④ bored → boring
강의가 지루함을 유발하는 것이므로 현재분사가
적절하다.

해석

① 고지방 음식은 증가하는 비만율의 한 원인이다.

② 후추는 세상에서 가장 널리 사용되는 향신료 중 하나이다.

③ 오랜 TV쇼 시청으로 지루해진 그는 상쾌한 공기를 위해 밖으로 나갔다.

④ 보스니아의 경제 역사 강의는 매우 지루하다.

p44
17
정답 ②

acquired with little effort가 앞에 있는 things를 꾸며준다. 획득된 것이므로 과거분사가 적절하다.

① occurred → occurring

부사 naturally가 occurring을 occurring이 toxic metal을 꾸며준다. 또한 found in the Earth's crust가 toxic metal을 꾸며준다. 이렇게 한 문장에서 여러 개의 준동사가 등장할 수도 있고 하나의 명사를 여러 개의 준동사가 꾸며주는 것도 가능하다.

③ wanted → wanting

wanting to safeguard their gold가 앞에 있는 people을 꾸며준다. 자발적으로 원하는 것이므로 현재분사가 적절하다.

④ proving → proven

입증되어진 것이므로 과거분사가 적절하다.

해석

① 납은 지구 지각에서 발견되는 자연적으로 발생하는 독성 금속이다.

② 그들은 거의 노력 없이 얻어진 것들을 쉽게 잃어버렸다.

③ 그 당시에 자신의 금을 보호하고자 하는 사람들은 두 가지 선택권을 가지고 있었다.

④ 매일 하는 명상은 매우 위험한 정신적 무기력의 증명된 치료법이다.

18
정답 ③

① used → using

② damaging → damaged

④ scolding → scolded

해석

① 스마트 폰을 사용하는 사람들의 수가 최대치에 있다.

② 심하게 부서진 창문은 나에게 많은 비용이 들게 했다.

③ 심한 눈 때문에 지연된 비행기는 이륙을 준비 중이다.

④ 부모들에게 너무 자주 혼나는 아이들은 내성적으로 자랄 지도 모른다.

❖ 준동사 실전 독해연습

Actual Exercise 1

1. 한 나라의 문화를 이해하는 것은 당황하게 하고 복잡하다.
2. 나는 아직 오늘 신문을 못 읽었어. 뭐 재미있는 것 있니?
3. 그의 공격적인 언사 때문에 나는 그 제안을 거절하기로 결심했다.
4. 나는 내 돈에 매우 신중하며 쇼핑할 때 가성비 좋은 물건을 찾는 것을 즐긴다.
5. 그는 지난 10년 동안 UN의 다양한 기관에서 주도적인 역할을 해왔다.
6. 그녀는 그녀의 남편을 살해하기 위해 그녀의 내연남과 음모를 꾸몄음을 인정했다.
7. 향기를 사용하는 것은 많은 소매업자들에게 채택된 비교적 최근의 마케팅 전략이다.
8. 그 나라는 국토의 3/4이 바다로 둘러싸여 있는 소국이다.
9. 사무실 내에 틀어 놓는 좋은 음악은 근무자들을 고무시키고 전체 분위기를 바꾼다.

Actual Exercise 2

1. 그 학교는 아이들이 과다하게 TV를 시청하는 것을 막도록 디자인된 프로그램을 시작할 것이다.

2. 산호는 어망에 의해 점차적으로 훼손되는 생태계의 근간이다.
3. 인터넷에 발표된 소문들은 그것들의 신빙성과 상관없이 이제 빠르게 '사실'이 된다.
4. 그 실패는 치명적인 우주왕복선 참사의 원인들을 둘러싼 문제에 대한 연상이다.
5. 네가 말하고 있는 사람과 시선을 마주치는 것은 서양 국가에서 중요하다.
6. 식물, 동물, 그리고 사람에 대한 주요한 위협은 공기와 물에 방출되는 극도로 유독한 화학 물질이다.
7. 유해 물질이 검출된 컴퓨터를 제조한 회사들은 폐기 처리에 대한 준비를 해야 한다.
8. 당신은 티켓을 사거나 비행기에 탑승할 때 출생을 입증하는 서류나 유효한 국제학생증을 보여줘야 한다.

Unit 3   3단계: 절
p53

01
정답 ④

what 뒤에 불완전한 절이, that 뒤에는 완전한 절이 와야 하는데 want의 목적어가 없는 불완전이 제대로 왔다. 전치사 from과 명사 her은 합쳐서 '부사'구이다. what I want from her이라는 명사절이 이 문장에서 직접 목적어 역할을 한다.

① What → That
he helped Jane은 완전한 절이다. That he helped Jane이라는 명사절이 이 문장에서 주어 역할을 한다.
② That → What
made him happy는 주어가 빠진 불완전한 절이다. What made him happy라는 명사절이 이 문장에서 주어 역할을 한다.
③ what → that
he believes her는 완전한 절이다 That he believes her이라는 명사절이 이 문장에서 목적어 역할을 한다.

해석
① 그가 Jane을 도왔다는 것은 그녀가 그에게 미안하게 만들었다.
② 그를 행복하게 만든 건 그녀의 편지였다.
③ 그녀는 그가 그녀를 믿기를 원한다.
④ 나는 그녀에게 내가 그녀로부터 원하는 것을 말했다.

02
정답 ①

you will wait for me은 완전절이다. 명사절을 이끄는 접속사 that 뒤에는 완전절이, what 뒤에는 불완전절이 온다. that you will wait for me이라는 명사절이 이 문장에서 목적어 역할을 한다.

② What → That
she likes you는 완전절이다. That she like you라는 명사절이 이 문장에서 주어 역할을 한다.
③ that → if/whether
문장에서 해석상 '~인지 아닌지'의 의미를 가진 if나 whether 접속사가 어울린다. 특히 if /whether 또는 의문사는 wonder, don't know, be not sure, ask 등 불확실성을 나타내는 표현과 함께 사용한다.
④ what → how
명사절 접속사 중에 vicious라는 형용사를 바로 수식해줄 수 있는 것은 의문부사인 how이다. what은 뒤에 불완전 절이 오거나 의문형용사로 명사를 바로 수식해줄 수 있다.

해석
① 나는 네가 나를 기다리기를 원한다.
② 그녀가 너를 좋아하는 것은 확실하다.
③ 나는 그녀가 오늘 밤까지 그 일을 끝마칠지 궁금하다.
④ 개구리는 전갈이 얼마나 포악한지 알았다.

03
정답 ③

① that → why

② how → what
④ that → whether

04
정답 ③
not certain (확실하지 않다)이라는 불확실성 표현에는 whether이 어울린다.

① whether → that
② whether → that
④ whether → that

해석
① 건강이 재산보다 중요하다는 것은 진실이다.
② 너무 많은 패스트푸드가 비만의 원인이 될 수 있다는 것은 놀랄 일이 아니다.
③ 저 너머에 외계인이 존재하는지는 확실하지 않다.
④ 남에게 의존하지 말고 너 자신이 직접 그것을 하는 것이 중요하다.

05
정답 ②
명사, 형용사, 부사절을 이끄는 접속사는 의문문과 달리 접속사 뒤에 주어 동사 어순이 바뀌지 않아야 한다. 불완전절이 오거나 접속사가 명사나 형용사를 앞으로 끌어와 바로 꾸며주게 될 경우 특히 어순에 주의한다.

① who is this → who this is
③ have they taken → they have taken
④ How did the universe begin → How the universe began

06
정답 ①
접속사 뒤 절의 어순에 주의하며 명사절이 주어 역할을 할 경우 단수 취급한다는 사실도 유의한다.

② do people remember → people remember, depend → depends

③ What do you do → What you do
④ Why do you want → Why you want

❖ 명사절 실전 독해연습

Actual Exercise 1

1. 보트 여행의 시작은 내가 기대했었던 것과는 거리가 멀었다.
2. 핵무기들이 실제로 전쟁을 예방하는지는 논쟁의 여지가 있다.
3. 그는 우선 학생들이 무엇을 하고 싶어 하는지를 알아보기를 원한다.
4. 유용한 기능은 당신이 좋아하는 이야기를 북마크해서 맞춤형 재생 목록으로 들을 수 있다는 것이다.
5. 네가 할 필요가 있는 것은 이러한 단점들을 없애지 않으려고 노력하는 것이다.
6. 부자들과 가난한 사람들 사이의 격차가 여전히 너무 크다는 것은 부정할 수 없다.
7. 너에게 남의 험담을 들려준 사람은 누구든지 너에 대해서도 험담하리라.
*의문사 뒤에 -ever이 붙으면 '~이든지'로 해석이 덧붙어 강조가 된다.
8. 분노로 시작된 것은 무엇이든지 수치심으로 끝난다.
9. 정부는 누가 무엇을 소유하고 있는지, 또한 자산의 가치는 얼마인지 규명해야 한다.
10. 학문적 지식이 항상 당신이 올바른 결정을 내리도록 이끄는 것은 아니다.

Actual Exercise 2

1. 당신의 독자가 당신 글 뒤에 있는 목적을 이해하는 것이 보통 중요하다.
2. 남편이 아내를 이해한다는 것이 그들이 반드시 화합한다는 것을 의미하는 것은 아니다.
3. 성격에 대한 연구가 보여준 것은 변화에 대한 개방성이 나이가 듦에 따라 감소한다는 것이다.
4. 그녀는 그녀의 마지막 질문에 그가 얼마나 분노하여 대답했는지에 의해 눈에 띄게 기분이 상했다.
5. 그녀의 남편은 부인이 옷값으로 얼마를 지불하는지

혹은 어디서 구입하는지에 관심이 없다.
6. 우리는 신기술이 이익과 문제들, 특히 인간적이고
사회적인 문제들을 모두 가져오리라는 것을 알고
있다.
7. 경제 성장이 부자들에게만 이익이 되고 가난한
사람들은 배제시킨다는 것은 사실이 아니다.
8. 일반적으로 영장류는 대략 8천만 년 전에 지구에
처음으로 등장했다고 여겨진다.
9. 남성들은 왜 여성들이 이상하게 생긴, 높은 신발에
그들의 안락함을 희생하는지 의아해 할 도 있다.
10. 논쟁에서 '이기는 것'보다는 관계를 유지하고
강화시키는 것이 항상 당신의 첫 번째
우선순위여야 한다.

p60

07
정답 ①
that절이 형용사절 일 때 뒤에 불완전한 절이 와서
앞에 있는 명사(선행사)를 꾸민다. 또한 선행사 앞에
한정어구가 있을 때는 that만 사용한다. (한정어구: the
only/the very/the same/the + 서수/the + 최상급 등)

② what → that /which
what은 형용사절을 이끌지 못한다. 이 문장에서는
the letter을 꾸며 줄 형용사절이 필요하며 the letter
이 사물이므로 that이나 which가 적절하다. 뒤에는
직접목적어가 생략된 불완전한 절이다.
③ which → who /that
선행사(the man)이 사람이고 주어가 빠진 절이 왔기
때문에 who가 적절하다.
④ which → in which
우선적으로 형용사절 which 뒤에는 불완전한 절이
와야 한다. 전치사는 단독으로 사용하지 않고 항상
명사와 사용해야 되는 하기 때문에 interested
와 함께 사용하는 in을 넣어줌으로써 불완전하게
만들어줄 수 있다. 따라서 The sport which I am
most interested in is soccer. 이렇게도 옳은
표현이 되는데 이런 경우 전치사를 접속사 바로 앞에
위치시켜도 된다.

해석
① 내가 의지할 수 있는 사람은 당신뿐이다.
② 나는 그가 나에게 작년에 써준 편지를 읽기 원한다.
③ Tony는 지난 밤 무대에서 노래한 남자이다.
④ 내가 가장 관심 있는 스포츠는 축구이다.

08
정답 ④
형용사절 which I had made가 앞에 있는 all the
mistakes라는 명사(선행사)를 꾸며준다.

① what → that /which
명사 The foods를 꾸며 줄 형용사절이 와야 하는데
what은 형용사절을 이끌지 못한다.
② drives → drive
이 문장에서는 Students가 주어이고 who~class
까지가 Students를 꾸며주는 형용사절이고 진짜
동사는 drives인데 주어 Students가 복수이므로
drive가 정답이다.
③ what → that /which
명사 this tablecloth를 꾸며 줄 형용사절이 와야
하는데 what은 형용사절을 이끌지 못한다.

09
정답 ②
which you were wearing yesterday절은 the
coat를 꾸며주는 형용사절이다. 형용사 절을 이끌 때
which 뒤에 불완전절이 오는데 wear 뒤에 목적어가
없는 불완전한 절이 알맞게 왔다.

① in which → that /which
전치사+관계대명사 뒤에는 완전한 절이 와야 되는데
뒤에 주어가 빠진 불완전한 절이 왔다.
③ causes → cause
문장에 접속사 절이 오면 수일치에 신경을 써야 한다.
주어가 빠진 형용사절에 사용된 동사는 꾸며주는 명사
(선행사)에 수일치를 한다.
④ whose → who(m) /that
whose 뒤에는 관사가 빠진 명사가 온다. 현재 whose

뒤에는 목적어가 빠진 절이 왔으므로 whom이 적절한데
who, that도 목적격에 구분 없이 사용한다.

p64
10
정답 ③
이 문장에서 where절은 wonder의 목적어 역할을 하는
명사절로 사용됐다.

① that → which
that절은 언뜻 보기엔 ask의 직접목적어 역할을 하는
명사절로 적절해보이나 book은 관사 없이 단독으로 쓸
수 없는 가산명사이다. 따라서 '어떤'이라는 의미를 가진
which를 넣어서 book을 바로 꾸며주면 해석상으로도
적절한 접속사 선택이 된다. 이렇게 명사를 바로 꾸밀 수
있는 접속사는 which와 what이 있는데 이 경우 둘 다
'어떤'이라고 해석되지만 뒤에 among them
(그것들 사이에서)라는 선택지가 있는 경우는 which를
사용한다.
② in which → that /which
in which절은 The book을 꾸며주는 형용사절인데
뒤에 주어가 빠진 불완전절이 왔기 때문에 전치사를
빼주는 것이 맞다.
④ which → in which /where
which절은 The place를 꾸며주는 형용사절인데
뒤에 완전절이 왔고 꾸며주는 명사(선행사)가 장소를
나타내므로 where이 적절하다.

해석
① 그는 나에게 그것들 중 어떤 책이 내가 가장 좋아하는
　것이냐고 물었다.
② 내가 가장 좋아하는 책이 막 팔리려고 한다.
③ 그녀는 그가 어디로 휴가를 떠날지 궁금해 하고 있다.
④ 그가 휴가를 떠났던 곳이 뉴욕이다.

11
정답 ①
목적격 관계대명사는 생략가능하다. 명사 뒤에 주어
동사가 나와 생략되어 있는 것을 쉽게 찾을 수 있다.

따라서 이 문장은 형용사절 I saw가 the exciting
games를 꾸미고 있고 one이 주어 was가 동사이다.

② which → in which /where
which절은 a space를 꾸며주는 형용사절인데 뒤에
완전절이 왔고 꾸며주는 명사(선행사)가 장소를
나타내므로 where이 적절하다.
③ when did our ancestors live → when our
　ancestors lived
이 문장에서 when절은 know의 목적어 역할을 하는
명사절이다. 어순에 주의한다.
④ social animals need → social animals who need
need~other까지는 social animals를 꾸며주는
주어가 빠진 형용사절(주격관계대명사절)이다.
주격관계대명사는 접속사를 생략시키지 않는다.

p65
12
정답 ①
목적격 관계대명사는 생략가능하다. 명사 뒤에 주어
동사가 나와 생략되어 있는 것을 쉽게 찾을 수 있다.
따라서 이 문장은 형용사절 she made with the devil
가 앞에 있는 the deal을 꾸민다.

② which → in which /where
이 문장에서 which가 이끄는 절은 a tent를 꾸며주는
형용사절이다. 따라서 불완전한 절이 와야 되는데
완전한 절이 왔으므로 관계부사를 사용해야 한다.
③ problems might → problems that might
might~unnoticed까지는 problems를 꾸며주는
주어가 빠진 형용사절(주격관계대명사절)이다.
주격관계대명사는 접속사를 생략시키지 않는다.
④ which → whose
이 문장에서 which가 이끄는 절은 an old coin을
꾸며주는 형용사절이다. 다만 뒤에 date라는 관사가
빠진 명사로 시작하고 있으므로 소유격관계대명사
whose를 사용하는 것이 더 적절하다.

13
정답 ①

who~you까지가 a student를 꾸미는 형용사절이며 who 이하에는 주어가 빠진 불완전한 절이다. said 뒤에 that이 생략된 목적어절이 왔다.

② in which → which
계속적 용법이든 아니든 뒤에 전치사가 관계 대명사와 함께 쓰일 경우 뒤에 완전한 절이 와야 되는데 in which 뒤로 주어가 빠진 불완전한 절이 왔으므로 전치사 in을 삭제한다.
③ where → which 또는 that
where 뒤에 rule out의 목적어가 빠진 불완전한 절이 왔으므로 관계부사가 아닌 관계대명사를 써야한다.
④ tends → tend
이 문장에서 주어는 Those, 동사는 tends이다. those는 복수형이므로 동사에 s를 붙이지 않는다.

14
정답 ③

① its cause → the cause of which
두 개의 문장은 쉼표로는 연결할 수 없으며 접속사가 필요하다.
② from whom → from whose
관계사 바로 뒤에 관사가 빠진 명사가 왔기 때문에 명사를 바로 수식해주는 소유격 관계대명사가 와야 한다.
④ which → in which 또는 where
관계사 뒤에 완전한 절이 나왔으므로 관계부사 또는 전치사+관계대명사를 사용해야 한다.

p68
❖ **형용사절 실전 독해연습**

Actual Exercise 1

1. 한 가지 최근의 현대 발명품은 컴퓨터인데, 그것은 사람들의 삶의 많은 측면을 향상시켜왔다.

2. 외국 식량 원조는 기아로 사망하는 사람들의 수를 크게 줄였다.
3. 그들은 요구된 지적 훈련을 위해 충분히 유연한 두뇌를 지닌 유일한 사람들이다.
4. 우리는 운이 좋게도 그랜드캐니언을 방문했는데, 거기에는 경치가 아름다운 곳이 많다.
5. 그녀는 사물들을 있는 그대로 베끼는 것으로부터 눈과 마음으로 지각하는 것들로 옮겨가고 있었다.
6. 주부들은 특정 브랜드의 상품들을 신뢰하게 되었는데, 광고주는 주부들이 이것을 절대로 잊지 않도록 했다.
7. 화폐의 개발 이전에, 사람들은 그들이 가진 무언가를 그들에게 필요한 무언가와 교환하곤 했다.

Actual Exercise 2

1. 예방 접종은 매년 수천 명의 사람들을 죽게 하거나 심각하게 장애를 입힌 질병들을 완전히 제거해왔다.
2. 이러한 컴퓨터화된 강의는 학생들에게 이전에는 이용할 수 없던 지식에 대한 접근을 허용한다.
3. 예를 들어, 산길의 갈라진 곳에 게시된 'Bear To The Right'라고 적혀있는 표지판은 두 가지 방식으로 이해될 수 있다.
4. 기후 변화는 최근 수십 년간 북아메리카와 유럽에서 호박벌이 발견되는 범위를 좁혀왔다.
5. 비관주의는 바람직하지 않은 결과를 예상하거나 인생의 불행이나 역경이 행복과 즐거움을 능가한다고 믿는 심리 상태이다.
6. 이 그래프는 15세에 다양한 수준의 읽기 능력을 달성한 OECD 국가의 남녀 학생 비율을 비교한다.

15
정답 ③

① run → ran
이야기의 배경이 과거이므로 과거시제로 시제를 일치시켜준다. 시간의 구분이 명확한 because나 before, after과 같은 접속사가 쓰이면 대과거는 사용하지 않아도 된다.

② should not be → should be
unless는 부정어가 포함되어 있는 접속사이므로 unless
절에 또 다른 부정어와 함께 사용하지 않는다. 부정어를
사용하고 싶다면 if~not을 사용하면 된다.
④ but → when

16
정답 ②

p74
17
정답 ③

① By the time we had arrived at the airport, the
flight already took off. → By the time we arrived
at the airport, the flight had already taken off.
공항에 도착했을 때(과거), 그 이전에 이미 비행기가
이륙한 것이므로 과거보다 더 이전 시제인 대과거(had
p.p.)를 써준다.
② but → so that
④ because → while

18
정답 ②

① While → If
③ what → that
④ Whatever → However
whatever은 뒤에 불완전한 절이 오거나 명사를 바로
수식해줄 수 있으며, 형용사나 부사를 바로 수식해줄 수
있는 것은 however이다.

p75
19
정답 ①

② Although → Because
③ How → However
④ No matter what → No matter how

❖ 부사절 실전 독해연습

Actual Exercise 1

1. 비록 그녀는 가난했지만, 정직하고 부지런하다.
2. 나이를 먹음에 따라, 이 속담의 의미를 분명히 알게 될
   것이다.
3. 학교에서 집으로 걸어오고 있을 때 강풍에 내 우산이
   뒤집혔다.
4. 다루기 힘든 코끼리들과 일하면서, 그는 그들과 더
   깊은 교감을 형성했다.
5. 다른 사람들에게 방해가 되기 때문에, 식당에서
   담배를 피우지 마세요.
6. 비록 그 일이 어려운 것이었지만, Linda는 그것을
   끝내기 위해 최선을 다했다.
7. 특정 동물의 개체수가 증가하면서 이용 가능한 음식과
   영토를 위한 경쟁이 증가한다.
8. 그 기차는 나의 목적지에 10분 일찍 도착했는데,
   그것은 완벽했다. 왜냐하면 오전 10시에 회사에서
   나의 새 아이디어를 발표하기로 되어있었기 때문이다.

Actual Exercise 2

1. 마약상은 그의 행동에 신중하지 않았기 때문에
   감옥에 갔다.
2. 그녀가 울음을 터뜨린다고 해서 놀라지 마십시오.
3. 토요일까지 갚을 수 있다면, 돈을 빌려줄게.
4. 어떤 사람들은 장애물이 앞에 놓이자마자 곧바로
   포기한다.
5. 냉장고에 먹을 것이 하나도 남아있지 않아서,
   어젯밤에 우리는 외식을 해야 했다.
6. 만약 당신이 그곳으로 이주하기로 결심했다면, 너는
   새로운 운전면허증이 필요할 것이다.
7. 나의 조부모님들의 결혼사진이 너무 오래 되어서 나는
   그들의 얼굴을 거의 알아볼 수 없었다.
8. 오찬 모임에서 한 그의 연설은 너무 훌륭해서 관중
   자체가 그를 지지하는 것 같았다.
9. 눈이 표면을 보는 반면에, 귀는 그 표면 아래를 꿰뚫는
   경향이 있다.

Actual Exercise 3

1. 기술이 너무 빠르게 발전하고 있어서 사생활 침해가 보호보다 앞선다.
2. 프레스코는 이태리 교회의 익숙한 요소이기 때문에 이것을 당연하게 생각하기 쉽다.
3. 보통 사람들은 지역 신문 여섯 부를 기꺼이 사고자 하는데, 그 안에 그들의 이름이나 사진이 실려 있기 때문이다.
4. 부상은 사람들이 일상적인 활동에서 충분히 조심하지 않을 때 종종 발생한다.
5. 대대로, 부지런한 사람들은 삶을 더 쉽게 만들기 위해 끊임없이 편리한 것들을 만들어왔다.
6. 다른 책들은 너무 무미건조하고 지루해서 그 결과 많은 학생들이 흥미가 떨어졌다.
7. 이것은 사람들이 옷, 신발 혹은 자동차와 같은 것들을 사지 않는다는 점에서 모든 다른 시장들과는 다르다.
8. 불길이 그에게 다가왔을 때, 그는 연기를 들이마시지 않기 위해 젖은 손수건으로 그의 입을 가렸다.
9. 비록 우리 중 많은 이들이 하루의 근로 시간을 늘릴 수는 없지만, 우리는 우리의 에너지를 어느 정도 증진시킬 수 있다.
10. 온실가스 배출이 다스려지지 않는다면, 산맥을 덮고 있는 대륙 빙하가 녹아내리면서 바다는 계속하여 상승할 것이다.

❖ 접속사 종합 실전 독해연습

Actual Exercise 1

1. 과학자들이 정답을 찾으려고 노력해 온 하나의 기본 질문은 어떻게 사람들이 학습하느냐이다.
2. 내가 담배를 끊은 주요 이유는 내 모든 친구들이 이미 금연을 했기 때문이다.
3. 한 연구는 강력한 독서 습관을 가지고 있던 아이들과 청소년들이 성인으로서 성공할 확률이 더 높았다는 것을 발견했다.
4. 그의 업적과 조국을 개척하는 백인 정착자들에 대한 용감한 저항은 전설이 되었다.

5. 그들은 이제 디지털 화면 앞에 앉아서 다른 대학교에서 제공되고 있는 강의를 들을 수 있다.
6. 수 세기 동안 일몰 후에 하늘을 바라보는 사람은 수천 개의 선명하고 반짝이는 별들을 볼 수 있었다.
7. 처음에 그 생각을 어떻게 하게 되었는지는 알 수 없지만, 한 번 그 생각을 품게 되니 밤낮으로 머릿속을 떠나지 않았다.
8. 이 세상에서 당신이 소유하고 있는 것은 당신이 죽을 때 다른 누군가에게 가지만, 당신의 인격은 영원히 당신의 것일 것이다.
9. 가르치는 것은 공식적인 자격증뿐만 아니라 길고 복잡한 훈련을 요구하는 전문적인 활동으로 여겨진다.
10. 인간이 사용하는 언어는 개인적으로 물려받은 것이 아니라 자신이 성장하는 집단으로부터의 사회적 습득물이다.

Actual Exercise 2

1. 그 발상은 젊은이들이 책임감의 세계로 쉽게 진입할 수 있도록 청소년기와 성인기의 장벽을 무너트리는 것이다.
2. 그것이 어떻게 소리 나야 하는지 보여주기 위해서 지도자가 아무리 한 곡을 여러 번 연주해도 그의 학생들은 중요한 진전을 하지 못했다.
3. 모호한 용어는 한 가지 이상의 의미를 지니며, 그것의 문맥이 어떤 의미로 의도되었는지를 명확히 나타내지 않는 용어이다.
4. 비록 두 후보들의 공약에는 몇 가지 유사점이 있지만, 그것들 사이의 차이점은 아주 크다.
5. 목 위에 위치한 근육을 쓰면서 일하는 사람들이 그들 스스로에게 온갖 스트레스를 발생시킨다는 것을 보여주는 많은 연구들이 있다.
6. 신 바빌론사람들이 그들의 관측들을 아주 꼼꼼하게 기록해서 그 결과 그것들을 나중에 다른 문명의 천문학자로 하여금 사용되고 보충될 수 있었다.
7. 한두 자선단체에 기부를 하는 사람들은 그 자선단체가 무슨 일을 하고 있는가와 그것이 실제로 긍정적인 영향을 끼치고 있는가에 관한 증거를 찾는다.

8. 만약 1층만 있거나, 층 사이에 경사로나 엘리베이터들이 있다면, 장애를 가진 사람들이 직장에서 무엇이든 간에 어떤 도움도 필요하지 않을 수도 있다.

9. 연구는 우리가 항상 소유라고 생각해왔던 것이 실제로는 단지 장기간의 임대하는 것을 깨닫게 될 때 인생의 후반부에 강력한 관점의 변화가 있을 수 있다는 것을 보여준다.

10. 비록 같은 나이 대에 속해있는 사람들이 많은 점에서 다를지라도, 그들은 그들이 인생을 통해 가지고 가는 일련의 가치관과 공통의 문화적 경험을 공유하는 경향이 있다.

❖ 동격 실전 독해연습

Actual Exercise 1

1. 당신은 묵비권을 행사할 권리가 있습니다.
2. 그녀는 그 계획을 따라 갈 사람이 결코 아닐 것이다.
3. 내 가장 친한 친구 가운데 한 명인 Tom은 1985년 4월 4일에 태어났다.
4. 사람들은 패스트푸드가 빠르고 편리하다는 사실을 높이 평가한다.
5. 은행 앞에 주차된 내 차가 불법 주차로 인해 견인되었다.
6. 당신이 누군가를 믿을 수 있는지 알아보는 최선책은 그 사람을 믿는 것이다.
7. 항구 폐쇄에 대한 정부의 계획이 격렬한 항의를 유발했다.
8. 프랑스 신발 디자이너인 Hardy는 신발이 거대한 심리적 효과를 지닌다고 말한다.

Actual Exercise 2

1. 나는 논쟁 후에 당신의 가족들이 화해하는 몇 가지 방법들에 대해서 이야기하고 싶다.
2. 교육당국은 외국인들의 불법 사설 강습을 단속할 수 있는 방안을 가지고 있지 않다.
3. 그녀는 약간 모호하게나마 빠른 시간 안에 부채를 상환할 것이라는 취지의 말을 하였다.

4. 대부분의 사람들은 새로운 상품의 안전성을 보증하는 정부와 기업들을 단순히 신뢰해왔다.
5. 전설적인 다큐멘터리 영화감독인 Robert J. Flaherty 는 어떻게 원주민들이 식량을 모으는지 보여주려 노력했다.
6. 미국 노스웨스턴 대학의 한 연구는 두 개의 언어를 구사하는 사람들이 더욱 강력한 두뇌를 가진다는 생물학적인 증거를 제공한다.

Unit 4 동사의 주요기능
p93
01
정답 ④ to investigating → to investigate

해석
① 그녀는 어젯밤에 나에게 전화하기로 되어 있었지만, 하지 않았다.
② 나는 자전거를 막 타려고 한다.
③ 나는 오늘 댄스파티에 갈 것이다.
④ 그는 그 문제를 곧 조사할 것 같다.

02
정답 ① will rain → rains
시간과 조건의 부사절에서는 현재시제가 미래시제를 대신한다.

해석
① 만일 내일 비가 온다면, 나는 그냥 집에 있겠다.
② 그가 지금쯤 여기에 왔어야 하죠?
③ 새들은 둥지로 돌아올 것 같다.
④ 그는 오늘 시험을 치를 것이다.

03
정답 ④ stop → stops

해석
① 통학버스는 4시에 도착한다.

② 아기는 막 울려고 한다.

③ 소포는 오늘 도착하기로 되어 있다.

④ 비가 그치면 나는 외출할 것이다.

p95

04
정답

① 지금 비가 너무 심하게 내리고 있다.

② 내가 공부하는 동안, 내 형제는 TV를 보고 있었다.

③ 그가 내일 시험을 볼 때, 나는 조부모님 댁에 방문 중일 것이다.

④ 코끼리들이 자고 있는 동안 우리는 코끼리들을 씻기고 있다.

⑤ 눈이 오기 시작했을 때, 우리는 바이크를 타고 있었다.

⑥ 우리가 도착했을 때, 기차는 이미 떠나고 있었다.

05
정답

① am looking

나는 내 안경을 찾고 있다.

② runs

그는 때때로 건강을 위해 달린다.

③ is running

그녀는 지각하지 않기 위해 버스를 향해 달리고 있다.

④ rains

구름이 끼면 비가 온다.

⑤ wakes up

그는 때때로 그의 부모님보다 일찍 일어난다.

⑥ enjoys

Tina는 매주 일요일마다 늦잠 자는 것을 즐긴다.

06
정답

① evaporates

물이 증발해서 구름이 된다.

② is preparing

그는 지금 나가기 위해 준비 중이다.

③ are always

너는 수업에 항상 늦는다.

④ walk

나는 집에 매일 걸어간다.

⑤ looks

그녀는 그녀의 아버지를 존경한다.

⑥ don't like

나는 길에 쓰레기를 버리는 것을 좋아하지 않는다.

07
정답

① 나는 기차역에 달려가고 있다.

② 나는 늦었기 때문에 기차역에 달려가고 있었다.

③ 비가 오기 시작할 때 나는 기차역으로 달려가고 있을 것이다.

④ 위협받고 있기 때문에 지금으로서는 거짓말쟁이고 있다.

⑤ 그는 결코 진실을 말하지 않기 때문에 거짓말쟁이다.

08
정답

① is exercising

그녀는 지금 운동 중이다.

② exercises

그녀는 건강을 위해 매일 운동한다.

③ was exercising

밖이 얼어붙고 있을 때, 그녀는 따뜻함을 유지하기 위해 운동하고 있었다.

④ will exercise

만약 내가 너무 뚱뚱하다고 느낀다면, 나는 날씬해질 때까지 운동할 것이다.

⑤ was driving

혜성이 충돌했을 때, 나는 운전 중이었다.

⑥ was sleeping

그의 부모님이 논쟁하고 계셨을 때, 그는 방에서 자고 있었다.

09
정답

① was reading

나의 형제가 공부하고 있을 때, 나는 소설을 읽고 있었다.

② will be eating

내일 오후 1시 쯤 나는 회장님과 점심식사 중일 것이다.

③ am watching

나 지금 TV 보고 있어, 그러니까 방해하지 마.

④ was watching

부모님이 집에 오셨을 때, 나는 TV를 보고 있었다.

⑤ purrs

내가 배를 만져줄 때마다 내 고양이는 가르랑거린다.

⑥ will be washing

네가 나에게 내일 전화걸 때, 나는 설거지 중일 것이다.

⑦ washed

설거지할 때 너는 어떤 비누를 썼니?

p101
10
정답

① 그녀는 진실을 안다.

② 그녀는 오랜 시간 동안 진실을 알아 왔다.

③ 그들은 어제 그를 만났다.

④ 그들은 적어도 일주일에 한 번은 그를 만난다.

⑤ 그들은 2000년 이래로 그를 만나왔다.

⑥ 그들은 5년 동안 그를 만나왔다.

⑦ 그녀의 딸은 지금까지 엄마의 말에 복종해왔다.

11
정답

① have cooked (경험)

나는 지금까지 두 번 부모님을 위해 요리해왔다.

② has lost (결과)

애림이는 하나밖에 없는 신발을 잃어버렸다. 그래서 그녀는 맨발로 걸어 다닌다.

③ has just arrived (완료)

그는 죽은 후에 방금 지옥에 도착했다.

④ have given (계속)

나는 그를 너무 사랑했기 때문에 가지고 있는 모든 것을 줘오고 있다.

⑤ have just visited (계속)

우리는 방금 가난한 가정을 방문했다.

⑥ have always wanted (계속)

나는 언제나 배우가 되기를 원해왔다.

⑦ have never traveled (경험)

나의 부모님은 지금까지 한 번도 한국 밖을 여행해 본 적이 없다.

⑧ has already finished (완료)

Tom은 이미 그의 숙제를 마쳤다.

⑨ haven't finished (완료)

그들은 아직도 그들의 숙제를 마치지 못했다.

12
정답

① has been

Jim은 프랑스에 세 번 가봤다.

② has gone

Jim은 프랑스에 가버렸다, 그래서 그는 지금 없다.

③ snowed

이틀 전에 눈이 왔다. 하지만 여전히 눈이 내리고 있다.

④ has drunk

그는 술을 너무 많이 마셨다, 그래서 그는 여전히 그의 부모님도 알아보지 못한다.

⑤ has snowed

이틀 동안 눈이 내려 왔다.

⑥ went

Jessica는 도쿄에 1992, 1993 그리고 2001년에 갔었다.

⑦ has been

Jessica는 도쿄에 몇 번 가본 적이 있다.

⑧ lived

Juno는 2013년에 이 마을에 있었다, 그리고 그는 여전히 여기에 살고 있다.

⑨ has lived

Juno는 2013년이래로 이 마을에 살아오고 있다.

⑩ didn't attend

그는 아팠기 때문에 크리스마스 파티에 참석하지 못했다.

p103
13
정답

① have played

우리는 3년 동안 함께 축구를 해오고 있다.

② was

그는 어렸을 때, 정직했다.

③ have been

그는 멕시코에 두 번 가봤다.

④ have never seen

나는 그렇게 거대한 아기는 이전에 본적이 없다.

⑤ have discussed

고객들이 불평한 이래로 그 문제를 계속 토론해오고 있다.

⑥ has tasted

Amy는 이전에 보르도 와인은 맛 본적이 있다.

⑦ didn't finish

그들은 어제 그 일을 마치지 못했다.

⑧ has already taken

Brian은 내 모든 카드를 이미 치워버렸다.

⑨ eaten

너는 중국 식당에서 이전에 먹어본 적이 있니?

⑩ cleaned

너는 벌써 방을 치웠니?

14
정답

① had

그는 얼마나 많은 시간을 그녀가 그 아픈 아기와 보냈었는지 들었다.

② have

그들은 5년 동안 고양이를 길러 왔다.

③ has

그녀는 거의 익사할뻔한 이래로 수영을 배워오고 있다.

④ had

나는 그녀에게 어떻게 그들이 그녀를 위해 의사를 보내기로 결심했었는지를 설명했다.

⑤ have

그들은 그 규칙들을 10년째 지켜오고 있다.

⑥ had

그녀는 그녀가 반응했었던 방식에 대해서 약간 불편하다 느꼈다.

⑦ had

Kim은 고통이 그녀의 얼굴로부터 사라졌었기 때문에 평화로워보였다.

⑧ has

그녀는 부모님께서 돌아가신 이래로 혼자서 결정을 내려오고 있다.

⑨ had

그들은 Judy가 그 뮤지컬에서 역할을 맡았는지 확실하지 않았다.

⑩ had

그녀가 발견했었던 그 반지는 1000달러의 값이 나갔다.

15
정답

① had just finished

그녀가 떠났을 때 나는 막 나의 점심을 마쳤었다.

② had lived

그녀는 그 당시에 모나코에서 4년 동안 살았었다.

③ has been

그녀는 그 고양이와 10년을 함께 해오고 있다.

④ had done

그는 그가 술 취한 상태에서 무엇을 했었는지 자백했다.

⑤ has been

그녀는 그녀의 엄마한테 심하게 꾸짖어진 이래로 정직해오고 있다.

⑥ has taken

그녀는 지금까지 지시들을 잘 받아들여 오고 있다.

⑦ had already left

내가 공항으로 돌진했을 때, 마지막 비행기는 이미 떠났었다.

⑧ had deceived

그가 나를 또 다시 속였었기 때문에 나는 화났다.

⑨ hadn't done

나는 내가 숙제를 안 했다는 것을 깨달았다.

⑩ has stayed

그녀는 그 사고 이래로 매주 일요일에 집에 머무르곤 한다.

16

정답

① 내가 그 곳에 도착했을 때에는, 그는 이미 떠나 있을 것이다.

② 오후쯤에 새들은 북쪽으로 이동했을 것이다.

③ 이번 토요일이면 내가 이곳에 산지 5년이 된다.

④ 내가 소설 쓰기를 끝냈을 때는, 300쪽 이상을 썼을 것이다.

⑤ 오후 10시 전에 나는 나의 과제를 끝마치게 될 것이다.

⑥ 그는 다음 달이면 아프리카로 떠나있을 것이다.

⑦ 만약 내가 한국을 다음 주에 방문한다면, 나는 거기를 세 번 방문한 것이 될 것이다.

⑧ 김씨는 다음 주면 여기서 20년 동안 일해 온 것이 될 것이다.

17

정답

① had never gotten

비록 그녀가 결코 A를 받은 적이 없었을지라도 그녀는 더 열심히 영어를 공부했다.

② will have just given birth to

그의 엄마가 병원을 떠날 때쯤이면 그녀는 아기를 낳을 것이다.

③ had worked

나는 독일 행 비행기 표를 샀다. 나는 그것을 사기 위해 3달 동안 일했었다.

④ have avoided

그가 이상하다고 알아차린 이래로, 나는 그를 만나는 것을 피해오고 있다.

⑤ had worked

Tom은 그의 일을 그만뒀다. 그는 10년 동안 일했었다.

⑥ will have built

20년 안에, 그들은 그 박물관을 지을 것이다.

⑦ have already finished

나는 이미 아침을 먹었다.

⑧ had already arrived

그들이 이미 도착했었기 때문에, 나는 그들에게 전화를 걸 필요가 없었다.

⑨ Has, come

그녀는 아직 안 돌아왔니?

18

정답 ③

지금으로부터 두 시간 후이므로 미래시제와 잘 어울리며, 홀이 비게 되고 콘서트가 끝나게 되는 것까지 연결되어 있으므로 미래완료시제와도 잘 어울린다.

① had arrived → arrived

우리가 도착한 것은 과거인데 영화는 그 이전에 시작했으므로 시간의 흐름에 맞춰 시제를 선택한다.

② became → had become

대과거부터 과거의 한 시점까지(By the 1700s) 이어지는 것이므로 과거완료로 써주는 것이 적절하다.

④ has graduated → will graduate

in + 시간은 '~이 지나서'를 의미하므로 현재완료시제와 어울리지 않다.

해석

① 우리가 도착했을 때 영화는 이미 시작했었다.

② 1700년대까지 컬링은 스코틀랜드의 국가적인 오락거리가 되었다.

③ 지금부터 두 시간 후에, 이 공연장은 텅 비게 될 것이다. 그 콘서트는 끝나 있을 것이다.

④ 그는 3년 후에 대학을 졸업할 것이다.

19

정답

① has been cleaning

Tom은 오늘 바쁘다. 그는 하루 종일 방을 치우는 중이다.

② has been waiting

그녀는 당신의 전화를 세시간 째 기다려오고 있는 중이다.

③ had been bothering

나의 등(통증)은 나를 괴롭혀왔고, 그래서 나는 병원에 갔다.

④ had been raining

지난 밤까지 비가 내리고 있는 중이었다.

⑤ will have been working

Jane은 다음 달이면 NASA에서 15년 동안 일해온 것이 될 것이다.

⑥ has been raining

지난 밤 이래로 계속 비가 내리고 있다.

⑦ have been working

나는 TSL에서 4년째 일해오고 있는 중이다.

20

정답

① will have been sleeping

그는 네가 전화할 때까지 자고 있을 것이다.

② had been walking

비가 오기 시작했을 때 나는 한 시간 동안 거리를 걷고 있었었다.

③ had been fighting

내가 거기에 도착했을 때 그들은 서로서로 싸워왔었다.

④ has been playing

오늘 아침 이래로 Jane은 컴퓨터 게임을 해오고 있다.

⑤ will have been raining

내일이면 한 주 동안 계속해서 비가 오게 된 것이다.

⑥ have been solving

나는 지금까지 혼자서 이 문제를 해결해 오고 있다.

⑦ has been watching

민수는 3일 전부터 TV를 보고 있다.

⑧ will have been teaching

그 선생님은 내일이면 10년 동안 가르쳐온 것이 될 것이다.

p111

21

① Have, finished

아직 일이 안 끝났니?

② had never gotten

그는 절대로 더 빨라지지 않았었기 때문에 더 열심히 수영을 연습했다.

③ will have graduated

내년까지 나는 고등학교를 졸업하게 될 것이다.

④ have avoided

다리를 다친 이래로 나는 계단 오르는 것을 피해왔다.

⑤ had already left

그가 이미 떠났기 때문에 이 쿠키를 보관하는 것은 소용없었다.

⑥ written

나는 할머니를 위한 생일 카드를 이미 썼다.

⑦ had just arrived

우리가 공항에 도착했을 때, 나의 형제는 막 도착했었다.

⑧ had played

그는 트럼펫 연주를 그만뒀다. 그는 10년 동안 연주했었다.

⑨ had saved

나는 마침내 꿈의 스피커를 샀다. 나는 그것을 사기위해 10달 동안 돈을 저축했었다.

⑩ have finished

그가 도착할 때, 우리는 추수감사절 저녁식사를 모두 마쳤을 것이다.

⑪ had been crying

엄마가 그녀를 데리러 올 때까지 그 아이는 엄청 울었었다.

⑫ have been playing 또는 have played

지금까지 나는 바이올린을 12년 동안 연주해왔다.

⑬ will have been performing (또는 will have performed)

그 곰은 다음 달이면 5년 째 서커스에서 연기한 것이 된다.

⑭ has been working on

요리사는 지난밤부터 그의 비밀 재료들에 공을 들이고 있다.

⑮ will have been standing

그가 그녀를 찾을 때까지, 그녀는 퍼붓는 빗속에서 서있을 것이다.

❖ 시제 실전 독해연습

Actual Exercise 1

1. (broke) Jamie는 그 책에서 세계 1차 대전이 1914년에 발발했다는 것을 배울 것이다.
2. (turned) 그녀가 집에 들어가자마자 누군가가 불을 켰다.
3. (was) 내가 단번에 그 시험에 합격할 수 있으리라고는 꿈에도 생각지 못했다.
4. (was) 내 남자형제는 내가 Jane과 통화하는 동안 나를 계속해서 방해했다.
5. (decreased) 2013년에 그 가게의 평균 수입이 이전년에 비해 13% 감소했다.
6. (had) 1933년까지, 실업자의 수는 약 1,300만 명에 이르렀다.
7. (will have worked) 아버지는 다음 주면 우체국에서 20년간 일하신 것이 된다.
8. (had) 그가 경주하는 동안 느꼈던 모든 기진맥진이 사라졌다.
9. (have) 지난 몇 년에 거친 여행을 통해, 나는 우리 인간이 얼마나 과거에서 살고 있는지 관찰해왔다.

Actual Exercise 2

1. (began) 영국 현대 정부의 발전은 전반적으로 1832년 영국 선거법 개정과 함께 시작되었다.
2. (has) 1970년대 중반 이후로 히말라야 지역의 평균 기온은 1도 올랐다.
3. (has) 그는 지난 10년 동안 여러 UN 기관에서 주도적인 역할을 해왔다.
4. (appeared) 방금 사망한 Edward 7세를 기리며, 모든 조문객들은 우아한 검은색 옷을 입고 나타났다.
5. (have) 바다는 팽창과 계속 진행되는 극빙의 용해를 통해 1900년이래로 대략 17센티미터 정도 상승했다.
6. (have been) 많은 전문가들이 한국의 대(對)중국 자동차 수출이 작년부터 계속 감소해오고 있는 것을 우려하고 있다.
7. (had) 1986년 1월에 우주 왕복선 챌린저 호가 10번째 비행을 위해 막 이륙했을 때 공중에서 폭발해서 우주선 안에 있던 7명 모두가 사망했다.
8. (are) 창경궁의 벚꽃 싹이 피려한다. 한 직원은 내주

말게 만개할 것이라고 말했다.

p121

22
정답 ④
과거의 약한 추측의 부정

① must be → must have been
과거의 강한 추측
② must not be → can't be
현재의 강한 추측의 부정. 추측의 조동사에서 must의 부정은 must not이 아니고 can't이다.
③ must have been → must be

23
정답 ③

① may suffer → may have suffered
② must not suffer → can't suffer
③ must be → must have been

24
정답 ③

① can't eat → can't have eaten
② can hate → must hate
④ must not have cried → can't have cried

25
정답

① may suffer
노인이라면 심장병을 앓을 지도 모른다.
② may have suffered
그 노인은 작년에 심장병을 앓았을 지도 모른다.
③ must have been
나의 아빠는 내가 모든 접시를 깨부쉈을 때 화나셨음에 틀림없다.
④ must have been
차가 고장 났다. 그것은 차 주인에 의해서 남용되었음에

틀림없다.

⑤ may have walked

그녀는 그녀의 개를 산책시켰을지도 모르겠다. 그 개는 너무 오랫동안 실내에 있었다.

⑥ must have exercised

Bob 열심히 운동했음에 틀림없다 왜냐하면 그는 날씬해졌다.

⑦ can't

내가 제일 좋아하는 스웨터 어디 있어? 그게 낡아 보인다는 이유만으로 어머니가 버리셨을 리 없어.

⑧ may not be

나는 그가 오늘 얼마나 조용한지 알아챘다. 오늘 기분이 안 좋을지도 모른다.

26
정답

① must have won

그는 매우 흥분되어 보였다. 그는 게임에서 이겼음에 틀림없다.

② may hate

그는 나와 거의 말을 하지 않는다. 그는 아마도 나를 싫어할지도 모른다.

③ might have hated

내가 학교에 있을 때 그는 나와 거의 이야기 하지 않았다. 그는 나를 싫어했을지도 모른다.

④ must have stolen

그는 나의 지갑을 훔쳤음에 틀림없다. 나는 그가 내 지갑을 들고 있는 것을 보았다.

⑤ may be stealing

나는 그가 나의 방에 혼자 슬쩍 들어오는 것을 보았다. 그는 지금 무언가를 훔치고 있을 지도 모르겠다.

⑥ may miss

비록 엄마가 아침에 나를 깨울지라도, 나는 시험을 놓칠지도 모른다

⑦ must have played

그는 여전히 침대에서 자고 있다. 그는 밤새 컴퓨터 게임을 했었음에 틀림없다.

⑧ may lose

나는 이 게임에서 질 수도 있다. 나는 어제 충분히

연습할 시간이 없었다.

⑨ may not

나는 무언가 잘못됐다고 생각한다. 적절한 재료가 사용되지 않았을지도 몰라.

p125
27
정답 ①

② must have apologized → should have apologized

③ should not have → don't have to have

④ may → should /have to /must

28
정답 ④

① should not wear → don't have to wear

② may have helped → should have helped

③ should have left → didn't have to leave

29
정답 ②

① didn't have to make → should not have made

③ may arrive → must /should /have to arrive

④ should smash → had to smash

30
정답

① You don't have(need) to pretend to be happy.

② I didn't have(need) to pretend to be happy.

③ You must(should) not listen to music in class.

④ I should have sent the e-mail on time.

⑤ I should(have to 등) do my homework until tomorrow.

⑥ I should have done my homework.

⑦ You didn't have(need) to do your homework.

31
정답
① You must not(should not) play the computer game.
③ You don't have(need) to show us the pictures.
④ You should(have to) help the person.
⑤ I should have called him.
⑥ She should not have been late.
⑦ He didn't have to pretend to be rich.
⑧ I had to do him a favor.

32
정답 ④

① would rather go → had better go
② had better → would rather
③ may well as → may well

33
정답 ①
② would not rather → would rather not
③ 'd better to → 'd better
④ may well as → may well

34
정답 ③

① am used to get → am used to getting up
② was getting accustomed to use → was getting accustomed to using
④ used to clean → is used to clean

35
정답 ②

① be used to saving → be used to save

③ are used to set and pursue → are used to setting and pursuing
④ were used to keeping → were used to keep

p132
36
정답 ③

① is used to waking → is used to wake
② used to eating → is used to eating
④ used to wearing → are used to wearing

37
정답 ③
잃어버린 시간을 만회하기 위해 열심히 공부해야 한다는 의무를 나타내기 위해 조동사 have to가 잘 어울린다.

① will be → (should) be
이 문장에서 suggest는 '제안하다'라는 의미이므로 that 이하에 의무의 조동사를 써주거나 생략을 할 수 있는데 생략한 경우 바로 동사원형이 나와야한다.
② was used → used
be used to 동사원형: ~하기 위하여 사용되다
used to 동사원형: ~하곤 했다 (과거에 종료)
④ upgrades → (should) upgrade
imperative는 주장, 명령, 제안 단어에 속하므로 that 이하에 의무의 조동사를 써주거나 생략을 할 수 있는데 생략한 경우 동사원형이 나와야한다.

해석
① 그는 새로운 정책이 모든 노동자들을 위해 이행되어야 한다고 제안했다.
② 거리 끝에 가게가 있었는데, 몇 년 전에 닫았다.
③ 우리는 잃어버린 시간을 만회하기 위해 열심히 공부해야 한다.
④ 학교는 가능한 빨리 구내식당 위생 기준을 높여야 한다.

38

정답 ②

이 문장에서 suggest가 '암시하다'라는 뜻으로 잘 어울리는데, that 이하의 내용이 일반적인 경향을 나타내므로 현재시제와 잘 어울린다. 또한 suggest 가 이 문장에서 '제안하다'라는 뜻으로 사용된 거라 하더라도 should가 생략되고 동사원형의 형태인 like 가 왔다고 볼 수 있다.

① was used to → used to
③ stops → (should) stop
④ is → (should) be

해석

① 그의 건축현장에 있는 건물들에서 살고 있는 천 명 이상의 노동자들은 한 지하실에서 자곤 했다.
② 그 보고서는 여자들이 남자들보다 더 초콜릿을 더 좋아한다는 것은 암시한다.
③ 당신의 자녀가 콘택트렌즈를 착용한다면, 눈병에 걸렸을 때는 반드시 렌즈 착용을 중단하는 것이 중요하다.
④ 장관은 교통문제를 해결하기 위해 강 위에 다리를 건설해야 한다고 주장했다.

❖ 조동사 실전 독해연습

Actual Exercise 1

1. 우리 엄마는 내가 10시를 넘어서 집에 들어오면 안 된다고 항상 말한다.
2. 팬케이크 믹스가 떨어져 그녀는 팬케이크 반죽을 처음부터 만들어야 했다.
3. 네가 나중에 떠난다면, 너는 다음 기차를 타야 할지도 모른다.
4. 비록 네가 그것을 이해하지 못했을지라도 너는 상실을 경험해 올 것이다.
5. 수천 마리의 돌고래들이 참치 잡이용 그물에 죽임을 당하곤 했다.
6. 너는 권총을 휴대하기 위해 이 주에서 면허를 딸 필요가 없다.

7. 그들은 시간이 지나감에 따라 많은 생각들과 결정들이 개선되는 것은 당연하다고 생각한다.
8. 당신은 비행기를 타기 위해 다시 뛸 필요도, 예약을 놓칠 필요도 없게 될 것이다.
9. 나의 형제는 아마도 다른 곳에 있었을 지도 모른다. 그래서 그는 내가 보았던 것과 관련된 두려움을 경험하지 않았다.
10. 네가 더 외향적인 사람에게 끌리는 것은 당연하다.
11. 나는 내 지난 학기의 시험 결과를 만회하기 위해서 더 열심히 공부해야 한다.

Actual Exercise 2

1. 청소년과 성인 모두 간접흡연의 위험을 인식하고 있어야 한다.
2. 이 애벌레들은 성체가 되기 위해 추가적인 2년을 보냈어야 했는데 실제로는 고작 1년 만을 보냈다.
3. Jason은 그녀가 결코 다른 사람들에게 폭로하지 않을 것이라는 것을 믿었기 때문에 그녀에게 모든 그의 비밀들을 털어놓곤 했다.
4. 그 강의 시리즈는 재무 문제를 다루는데 익숙하지 않은 사람들을 대상으로 한다.
5. 백신은 또한 천연두를 없애버렸는데, 천만 명의 사람들이 바로 1960년까지도 천연두에 매년 걸리곤 했다.
6. 악명 높은 소매치기인 'Slippery Jordan'이 다시 돌아와서, 모든 형사들은 특히 경계를 늦춰서는 안됐다.
7. Kay씨가 이직을 발표하기도 전에 그 관리자는 새로운 회계사를 채용하는 광고를 시작해야 한다고 주장했다.
8. 그때에는 남성에게 여성이 복종한다는 동양의 사상이 우세했기 때문에, 그녀는 감히 동등한 입장에서 남성을 만날 수 없었다.
9. 홍역은 일 년에 약 4백만 명의 어린이들을 감염시키곤 했지만 1997년에는 미국에서 단 138 건의 홍역이 있었다.
10. 이집트는 또한 유럽군이 밀수업자 소굴의 활동을 감시할 수 있도록 가자 지구와 이집트 사이의 국경에 배치되어야 한다는 제안에 대해서 냉담하게 반응했다.

p125

39
정답 ③

① abandoning → abandoned
해석상으로도 수동태 문장이 적절하며, 문법적으로 봐도
abandon은 목적어가 필요하기 때문에 목적어 없이
쓰려면 수동태 문장이 되어야 자연스럽다.
② heated the sun → heated by the sun
3형식 수동태 문장인데 명사가 그대로 남아있을 수
없다. 전치사와 사용하여 부사로 처리해준다. 해석도
전치사와 함께해야 자연스럽다.
④ replacing → replaced

해석
① 그의 모든 노력이 결국 포기되었다.
② 바다의 물은 태양에 의해 데워진다.
③ 우리는 자기 소개하도록 요청받았다.
④ 눈물이 미소로 바뀌었다.

40
정답 ②
벌금형을 받게 된 것이므로 수동태로 표현해주는 것이
적절하다. fine은 4형식 동사이므로 수동태로 쓰여도
목적어 역할을 하는 명사 하나가 남는다.

① awarding → awarded
'수여받았다'라는 수동표현이 자연스럽다. award는 4
형식 동사이므로 수동태로 쓰여도 목적어 역할을 하는
명사 하나가 남는다.
③ explained him → explained to him
자주 사용되는 동사는 그 특징을 이해하면 도움이 많이
된다. explain은 '~에게 ~을 설명해주다'로 해석되어 4
형식 동사 같지만 to와 함께 사용하여 3형식을 유지한다.
④ teaching → taught
해석상으로나 문법상으로나 수동태 문장이 어울린다.

해석
① Maria는 1등을 했다.
② 그에게 벌금 250달러가 부과되었다.
③ 우리의 해결책들이 그에게 설명되었다.
④ 영어는 그곳에서 가르쳐지지 않았다.

41
정답 ②

① were performing → were performed
③ confidentially → confidential
5형식 수동태 문장에서 동사 뒤에 목적보어, 즉 형용사나
명사가 남아야 한다.
④ is required → requires
수동태 문장보다 능동태 문장이 더 잘 어울린다. 수동태로
쓴다 해도 동사 뒤에 전치사 없이 명사 혼자 남아있지
않는다.

p144

42
정답 ②

① are → were
시제도 주의해야 한다. last year(작년)이라는 시간
부사가 왔으므로 과거 시제로 써준다.
③ were → was
이 문장에서 진짜 주어는 produce이므로 단수형 동사가
와야 맞다.
④ considering → considered
근대 철학의 아버지로 (다른 사람들에 의해) 여겨지는
것이므로 수동태 문장으로 써준다.

해석
① 그 협정들은 작년 회의에서 합의된 것이다.
② 토네이도는 거대한 뇌우로 인해 가장 자주 발생한다.
③ 밭에서 재배한 농산물은 시장에 출하되었다.
④ Immauel Kant는 종종 근대 철학의 아버지로
　　여겨진다.

43

정답 ④

동사로 시제와 태를 동시에 표시해줘야 하므로 어떤 것 하나 놓치지 않도록 주의한다. 진행과 완료시제에 수동이 더해지면 being과 been은 고정이 된다.

① is constructed → is being constructed
현재진행수동 (am /are /is being p.p.)
② has not played → has not been played
현재완료수동 (has /have been p.p.)
③ has just shot → has just been shot
현재완료수동 (has /have been p.p.)

44

정답 ①

② has been found → have been found
③ can encourage → can be encouraged
④ have been looked → have looked
자동사로는 수동태를 만들지 못한다.

해석

① McAuliffe는 최초의 우주 교사로 선발됐었다.
② 다양한 형태의 명상이 암환자에게 도움이 되는 것으로 발견되어 왔다.
③ 기술 회사들은 스스로 옳은 일을 하도록 권장될 수 있다.
④ 상어는 수억 년 동안 다소 비슷해 보였다.

45

정답 ②

① was seen come → was seen to come(coming)
지각동사의 수동태 문장에서는 동사 뒤에 to부정사나 동사ing 꼴이 선택적으로 나올 수 있다. 이는 빈번하게 쓰이는 의미상의 주어에서 동사원형이 나왔던 것이 수동태 문장에서는 to부정사가 되는데, 지각동사는 동사원형과 동사ing형을 둘 다 사용하기 때문에 to부정사와 동사ing형 둘 다 가능하다.

③ be fixed → be fixed by
④ were never opening → were never opened

해석

① 그가 집 밖으로 나오는 것이 목격되었다.
② 고위 간부들은 일등석으로 여행할 자격이 주어진다.
③ 당신의 성격은 6살이면 완성될지도 모른다.
④ 다른 페이지는 전혀 공개되지 않았다.

46

정답 ①

② has abrogated → was abrogated
③ respects → is respected
④ interested to → interested in
어떤 문장에서나 전치사의 사용에 유의한다.

47

정답 ③ was read → read(s)
여기서 read는 '가리키다'라는 뜻을 가진 타동사로 쓰였고 목적어로 five degree below zero가 왔다.

① several ways는 부사이다.
② interesting은 분사구문이나 준보어로 볼 수 있다.
④ read는 '읽히다'라는 뜻의 수동의 의미를 가진 자동사로 사용될 수 있다.

해석

① 이 문장은 여러 가지 뜻으로 해석될 수 있다.
② 이 책은 재미있게 읽을 수 있다.
③ 온도계는 영하 5도였다.
④ 그 연극은 상연된 것보다 책으로 읽는 편이 낫다.

48

정답 ①

② contracted → is contracted
③ borrowed → was borrowed
④ are urged read → are urged to read

해석

① 목표를 향한 발걸음은 오로지 스스로에 의해서만 연습될 수 있다.

② 뎅기열 바이러스는 모기와의 접촉을 통해 걸린다.

③ 토마토는 멕시코, 잠옷은 인도로부터 들여왔다.

④ 당신과 당신의 가족은 이 가이드를 주의 깊게 읽도록 촉구된다.

49
정답 ②

어떤 골프카트의 일반적인 경향을 나타내므로 수동태로 쓰지 않아도 의미는 수동을 가진다.

① was suffered → suffered from

suffer은 from과 함께 사용될 때 1형식(자동사)로 쓰인다.

③ to improve → to improving

시험에 자주 나오는 동사의 특징들을 기억하면 유용하다. tie는 전치사 to 자주 쓴다. 다만 전치사는 명사나 동명사(동사ing)와 함께 사용한다는 것을 기억하자.

④ use → to use

해석

① 가족 전부가 독감으로 고생했다.

② 이 가벼운 골프 카트는 접어서 내 차량 트렁크에 넣을 수 있다.

③ 수면은 사람들 사이에서 기억력 향상과 오랫동안 관련이 있어 왔다.

④ 대학생들은 실험실에서 장비를 사용하도록 허락되지 않는다.

50
정답 ③

recede는 '서서히 희미해지다'라는 뜻을 가진 자동사이므로 수동태로 사용하지 않는다.

① did → was

이 문장에서 work는 명사로 주어역할을 한다.

② Sandwich named → Sandwich was named

이 문장에서 named Sandwich는 분사로 앞에 있는

a man을 꾸며주는 형용사역할을 한다.

④ carried out → were carried out

51
정답 ①

② are used by → are using

③ says → is said

④ have widely used → have been widely used

52
정답 ①

② is influenced by → influences

③ get pulled around → get pulled around by

④ have found → have been found

❖ 수동태 실전 독해연습

Actual Exercise 1

1. 이슬람 사회에서 그와 같은 몸짓은 최악의 모욕으로 간주되었다.
2. 이 현상은 너무 자주 설명되어 그 주제에 대한 앞으로의 진부한 표현이 더 필요하지 않을 정도였다.
3. 가르치는 행위는 더 높은 원천으로부터 비어 있는 그릇으로의 지식의 흐름으로 여겨진다.
4. 특별한 때 친구들과 친척들에게 인사 카드를 보내는 풍습은 영국에서 유래했다.
5. 수상은 그의 새 프로젝트에 대한 대중의 지지가 부족한 것에 매우 실망하였다.
6. 대부분의 사람들은 미래의 에너지 원천을 제안해보라는 질문을 받으면 태양 에너지를 생각한다.
7. Pierre&Sons는 합리적인 가격으로 고품질의 가전제품들을 판매하는 것으로 매우 유명하다.
8. 의료보험 계획도 의회와 시민들의 목적에 맞게 바뀔 것이다.
9. 공격적인 행동은 주로 식량과 거주지와 같은 자원의 부족으로 인해 발생한다.

10. 적합한 경험과 학력이 그 직무에 자격 있는 지원자들에게 요구된다.

Actual Exercise 2

1. 에어컨이 현재 수리중이기 때문에, 직원들은 하루 동안 선풍기로 만족해야 한다.
2. 귀로 수집된 것과 대조하여 눈으로 수집된 정보의 양은 정확하게 계산되지 않았다.
3. 기술이 경찰 부서에 의해 받아들여지고 있으며 경찰의 생산성을 높일 것이라고 약속한다.
4. 명상은 환자를 진정시키고 편안하게 함으로써 불면증을 이길 수 있는 효과적인 수단으로 보여져 왔다.
5. 어떤 사람이 유죄라는 것을 입증하는 증거가 제시될 때까지 결백한 것으로 추정한다.
6. 오늘날의 천문학자들은 수천 년 전에 살았던 사람들이 하늘의 움직임을 연구했다는 것을 확신한다.
7. 제2차 세계대전 이후에, 영국의 많은 여성들은 아내와 엄마로서의 가정 역할로 돌아가도록 장려되었다.
8. 실험에 참가한 사람들은 벽에 비춰진 점이 움직일 것이라는 말을 들었고 그 움직임의 양을 측정하라고 지시받았다.

Unit 5 2단계: 준동사 심화학습
p158

01
정답 ③

① go → to go
② do → to do
④ making → makes

해석
① 나는 저 아이를 재울 수가 없다.
② 우리는 그에게 이 일을 하도록 요청했다.
③ 두 명의 사냥꾼이 머리 위로 기러기 한 마리가 날아가는 것을 보았다.
④ 나는 Peter의 새 정장이 그를 잘생겨보이게 한다고 생각해.

02
정답 ③

① lend → to lend
② taking → to take
④ to take → taken
과속으로 인해서 면허증을 뺏기게 된 것이므로 동사와 상관없이 과거분사를 사용한다.

해석
① 나는 내 남동생에게 5달러를 빌려달라고 강요했다.
② 교수는 학생들이 오픈북 시험을 치르도록 허락했다.
③ 너 그가 가게에서 돈을 훔치는 것을 봤니?
④ Tom은 과속으로 인해서 면허증을 압수당했다.

03
정답 ④

① imprison → imprisoned
② working → to work
③ made → make

해석
① 그는 자신의 정적들을 투옥시켰다.
② 노트북 컴퓨터는 한 사람이 사실상 어디에서나 일할 수 있게 해준다.
③ 나는 아이들이 15살이 되면 스스로 용돈을 벌게 할 것이다.
④ 이 챌린저호의 참사는 NASA가 모든 우주 왕복선 계획을 중단하도록 이끌었다.

p159

04
정답 ④

① setting → to set
② realize → realized
③ finding → (to) find
help는 to부정사나 동사원형을 쓸 수 있다.

해석
① 불가피한 상황이 내가 그 일을 착수하도록 이끌었다.
② 사람들은 그들의 최악의 두려움이 다른 사람들에
   의해 깨닫게 되는 것을 두려워한다.
③ 이 프로그램은 가난한 사람들이 쉼터가 어디에
   있는지 찾을 수 있도록 도와준다.
④ 나는 카페테리아 옆에 새로 생긴 미용실에서 머리를
   잘랐다.

05
정답 ①

② finding → to find
③ taking → to take
④ bought → to buy

해석
① 근무 시간 자유 선택제는 근로자들이 개인적인
   필요에 맞도록 근무 시간을 조정할 수 있게 한다.
② 이 프로그램은 가난한 사람들이 쉼터가 어디에
   있는지 찾을 수 있도록 해준다.
③ 한 전갈이 개구리에게 연못 건너편까지 데려다
   달라고 요청했다.
④ 그녀는 남편이 집에 오는 길에 계란 한 다스를
   사오길 원한다.

❖ **빈번하게 쓰이는 의미상의 주어 실전 독해연습**

Actual Exercise 1

1. 그들은 그 등장인물들이 사람들이 꿈꾸도록 격려하거나
   희망을 가지도록 용기를 북돋지 않는다고 말했다.
2. 법원은 대학교가 Bakke를 의과대학에 입학시키도록
   명령했다.
3. 인적 자원의 효과적인 활용이 우리나라의 눈부신 경제
   성장의 성취를 가능하게 했다.
4. 스타들은 한 편의 영화에 출연해서 1,200만 달러 혹은
   그 이상의 출연료와 로열티까지 기대할 수 있었다.
5. 너의 생각들을 조사해라, 그러면 너는 그것들(너의
   생각들)이 과거나 미래에 완전히 열중해 있다는 것을
   발견하게 될 것이다.
6. 하등 동물은 그 조건 하에서 생존하기 위해 신체적
   구조를 변형케 해야 한다.
7. 책임감이 그로 하여금 결국 자신을 희생하게 한
   위험한 일을 맡도록 재촉하였다.
8. 현재의 법은 대학교들이 입학을 결정하는 여러 요소
   중 하나로서 인종을 고려하도록 하고 있다.
9. 중국 거주자들의 분노와 세계 언론의 감시는 정부가
   국가의 대기 오염 문제를 해결하도록 강력히 촉구했다.

06
정답

① (의미상의 주어) 우리가 쓰레기를 재활용하는 것은
   필요하다.
② (부정) 그는 항상 부자가 아닌 것처럼 행동했다.
③ (의미상의 주어, 수동태) 민이 그곳에 보내지는 것은
   끔찍한 일이었다.
④ (시제) 그의 가족은 행복했었던 것처럼 보였다.
⑤ (의미상의 주어) 진정한 리더들은 다른 사람들이
   빛날 공간을 만들어준다.
⑥ (의미상의 주어) 그 어르신에게 자리를 내어 주다니
   너는 참 사려가 깊구나.
⑦ (의미상의 주어) 우리 회사 모든 구성원의 이름을
   기억하다니 그는 생각이 깊다.

07
정답
① (수동태) 나는 혼자 남겨지길 원한다.
② (의미상의 주어) 우리가 매일 연습하지 않고서 진전을 이루는 것은 불가능하다.
③ (수동태) 그는 나약하다고 여겨지는 것을 원하지 않을지도 모른다.
④ (부정) 그는 그의 요청을 받아들이지 말라고 조언받았다.
⑤ (수동태) 그녀는 이기도록 동기부여 되는 경향이 있다.
⑥ (의미상의 주어) 내가 여가 시간을 보낼 영화관, 도서관, 공원 같은 많은 장소들이 있다.

08
정답
① (자체 목적어) 나는 내 아이들을 교회에 보내는 것을 싫어한다.
② (의미상의 주어) 나는 그가 나의 아이들을 교회에 보내는 것을 싫어한다.
③ (수동태) 나는 교회에 보내지는 것을 싫어한다.
④ (부정) 소음을 내지 않는 것이 필수적이다.
⑤ (수동태) 그녀는 직장 사람들에게서 데이트 신청을 받는 것을 싫어한다.
⑥ (의미상의 주어) 그의 어머니가 그를 만지자마자, 그는 잠들었다.
⑦ (수동태) 어떤 약물들은 다른 것들보다 남용될 가능성이 더 높다.

09
정답
① (의미상의 주어) 그는 그들이 그 가방을 가져갔다는 것을 부인했다.
② (의미상의 주어, 수동태) 그 소년들은 공원 내에 벽이 핑크색으로 칠해지는 것에 반대한다.
③ (부정, 시제) 그녀는 젊었을 때 더 열심히 일하지 않았던 것을 후회한다.
④ (의미상의 주어) 나는 시험이 끝난 것 때문에 기뻤다.
⑤ (의미상의 주어, 시제) 나는 그가 어제 나갔었던

것을 확신한다.
⑥ (수동태) 그 영화는 독창적인 시도에 근거해서 많은 관심을 받아오고 있다.
⑦ (수동태) 지난 밤 그녀는 차에 치일 뻔했다.

p163
❖ 준동사 심화학습 실전 독해연습
Actual Exercise 1

1. 우리는 그가 집으로 무사히 돌아오기를 간절히 바라고 있다.
2. 당신이 미래에 대한 합리적인 시나리오를 생각해내는 것은 필수적이다.
3. 예술 작품은 논의되기보다는 좋아하기 위해서 존재한다.
4. 이 비용들은 인플레이션을 반영하여 조절한 후에 비교되어야만 한다.
5. 흰 꼬리 사슴은 연방법에 의해 보호를 받는 최초의 동물 가운데 하나였다.
6. 비타민 D는 피부가 햇빛에 노출된 것에 반응함으로써 체내에서 생성된다.
7. 불안해 할 이유가 없으며, 하물며 집에서 사람들을 대피시키기 시작할 이유도 없습니다.
8. 인쇄술의 발명 이전에, 한 장의 원고를 여러 장으로 복사하는 일을 직접 손으로 해야 했다.
9. 언론인이 지조를 지키며 어떤 문제의 양 측면에 대해서 글을 쓰는 것은 중요하다.
10. 두려움과 자만심과 함께 매우 강력한 또 다른 감정은 바로 다른 사람들에게 인정받고자 하는 욕구이다.

Actual Exercise 2

1. 2000년대 중반까지 배우들은 할리우드에서 무시할 수 없는 존재로 여겨지는 힘이 있는 존재였다.
2. 부모는 그들의 자녀가 성장하고 학습하는데 알맞은 환경을 제공할 책임이 있다.
3. 선크림을 바르는 것은 종종 체내의 비타민 D가 생성되는 것을 더 어렵게 만든다.

4. 불행하게도, 이 돈은 결국 종종 부패한 공무원들에 의해 헛되게 사용되거나 도난당했다.
5. 미국과 같이 부유한 나라에서는 언제나 문제가 해결될 충분한 시간이 있다는 생각에 속기 쉽다.
6. 바닷가재가 너무 풍부해서 그 결과 하인들은 고용 조건으로서 바닷가재를 일주일에 세 번 이상은 먹지 않는 것을 요구했다.
7. 인종적으로 뒤섞인 시카고 인근에서 중산층의 유대인으로 자라면서, 나는 이미 더 거친 노동자 계급의 소년들에게 매일 두들겨 맞는 위험에 처해있었다.
8. 그는 노새의 귀와 머리, 낙타의 몸, 사슴의 다리, 그리고 말 울음소리를 가진 흉측한 생명체를 보았다고 썼다.
9. 생물학 선생님은 유기 화학의 기초를 이해하지 않고는 단백질, 탄수화물, 지발, 그리고 비타민을 가르칠 수 없다.

p172

10
정답
① 그 가방은 너무 무거워서 내가 들어 올릴 수 없었다.
② 내 딸은 아직 학교에 갈 나이가 안 되었다.
③ 우리는 빨리 떠나기 위하여 일찍 일어났다.
④ 나는 매우 운이 좋아서 그 시험을 통과했다.

11
① 그녀는 너무 속상해서 가만히 서있을 수 없었다.
② 나는 너무 아파서 약속을 취소했다.
③ 나는 그녀를 만나기 위해서 새 옷을 샀다.
④ 쉰 번의 겨울로는 눈 쌓인 벚나무를 충분히 볼 수 없다.

12
① 나의 가족은 지난주에 낚시하러 갔다.
② 나는 나의 부모님께 복종하지 않을 수 없다.
③ 나를 속이려고 아무리 노력해도 소용없다.
④ 그를 대신해 시험을 보는 것은 불가능하다.
⑤ 나는 항상 무엇인가를 먹고 싶다.
⑥ 그는 그의 아내와 결코 행복하지 않다.
⑦ 나의 아버지는 이 일을 완료하는데 있어서 나에게

의존하고 계신다.
⑧ 그녀의 선생님을 보자마자, 숨으려고 했다.
⑨ 나는 편지를 씀으로써 그녀에게 나의 잘못을 사과하기 위해 노력했다.
⑩ 경찰은 그 범죄사건을 다루는데 7달을 보냈다.
⑪ 그들은 강당을 청소하는데 어려움을 겪는다.
⑫ 그녀는 많은 고객들과 상담하느라 바쁘다.

❖ 준동사 관용표현 실전 독해연습

Actual Exercise 1

1. 손님들을 접대하는데 조금도 소홀한 점이 없었다.
2. 예를 들어 유인원은 서로 털을 손질해주며 많은 시간을 보냈다.
3. 토성의 고리는 너무 멀리 있어서 망원경 없이는 지구에서 볼 수 없다.
4. 그는 문자 메시지에 너무 정신이 팔려서 제한속도보다 빠르게 달리고 있다는 것을 몰랐다.
5. 과학은 미래를 만들고, 국가들은 미래 과학자들을 만드느라 바쁘다.
6. Railey는 그녀의 대부분의 시간을 젊은 여성들이 과학과 수학을 공부하도록 격려하는데 보냈다.
7. 많은 회사들이 도서관에서 기술책이나 과학책을 얻는데 큰 어려움을 가진다.
8. 노숙자들은 대개 일자리를 구하는데 큰 어려움을 겪어서, 그들은 희망을 잃고 있다.
9. 여성들은 우울함, 불안함, 혹은 곤란한 관계를 대처하는데 있어서 도움을 구하기를 꺼려한다.
10. 암을 위한 명상은 이러한 모든 스트레스를 어느 정도 줄여줌으로써 암환자에게 도움이 될 수 있다.
11. 당신의 발전을 평가하는데 있어서, 나는 당신의 성과, 당신의 태도, 그리고 당신의 향상을 고려했다.
12. 21세기에 전쟁에서 이기는 방법은 적의 통신체계를 방해하거나 무력화시킴으로써가 될 것이다.
13. 그들은 이미 초과 인출된 환경 자원의 계좌에서 너무 심하게, 너무 빠르게 인출하고 있어서 그 계좌를 지급불능으로 만들지 않고서는 먼 미래까지 감당할 수 없다.

Unit 6 3단계: 절 심화학습

p179

01

정답 ④

접속사를 생략하지 않고도 분사구문을 만들 수 있다.

① Returned → Returning

return은 자동사이므로 현재분사로 분사구문을 만든다.

② Having not → Not having

부정어구는 분사 앞에 위치시킨다.

③ Comparing → Compared

본래 수동문이었으므로 being이 생각되고 과거분사만 남는다.

해석

① 나의 아파트로 돌아왔을 때, 나는 나의 시계가 없어진 것을 발견했다.

② 그를 이전에 만난 적이 없어서 나는 그를 모른다.

③ 그의 여동생과 비교될 때, 그녀는 그렇게 예쁘지 않다.

④ 그녀는 병원에서 근무하면서, 에어쇼를 처음으로 보았다.

02

정답 ②

① Surrounding → Surrounded

③ Being → It being

분사구문 문제에서 많이 틀리는 유형 중 하나이기 때문에 시험 단골이다. 분사구문 문장이 문법 문제에 나오면 주절과 종속절(부사절)의 주어가 일치하는지 꼭 확인해야 한다. 주어가 일치해야만 종속절(부사절)의 주어를 생략할 수 있는데 이 문장에서는 주어들이 서로 다르므로 생략하지 않는다.

④ allowing → allowed

허락을 받는다는 수동이 어울리므로 과거분사를 사용한다.

해석

① 훌륭한 사람들에게 둘러싸이자, 나는 자랑스러움을 느꼈다.

② 식사가 준비됐을 때, 우리는 식당으로 이동했다.

③ 바깥 날씨가 추웠기 때문에 나는 차를 마시려 물을 끓였다.

④ 그 노인은 그렇게 하도록 허락되어서야 그의 아들을 볼 수 있었다.

03

정답 ④

① lied → lay

'눕다'는 영어로 lie인데 과거형은 lay이다.

② having wrong addressed → having been wrongly addressed

주절보다 앞선 시제면서 수동태인 문장을 분사구문으로 만든 것이다. 따라서 having been p,p, 로 써줘야 맞다. 또한 wrong은 형용사이기 때문에 동사를 꾸며줄 수 없으므로 부사형인 wrongly으로 써줘야 한다.

③ waited → waited for

동시 wait는 자동사로 전치사 for과 함께 사용한다.

04

정답 ③ Covering → Covered

해석

① 손을 흔들면서 그녀는 기차에 올랐다.

② 그녀는 아들을 업은 채로 요리 중이다.

③ 혼란에 빠진 채로 그는 회의실을 떠났다.

④ 눈을 크게 뜬 채로 그녀는 그 남자를 응시했다.

❖ 분사구문 실전 독해연습

Actual Exercise 1

1. 자신의 집에서 멀리 떨어져도 고양이들은 자신이 살고 있는 곳을 기억할 수 있는 것 같다.

2. 그 결과, 한 영역에서의 문제가 다른 영역으로 퍼질 수 있으며, 이는 파괴적인 순환을 만들어낸다.
3. 멀리서 봤을 때, 카멜레온은 주변 환경과 구별되지 않는다.
4. 지갑에 돈이 없었기 때문에 그는 10킬로미터 이상을 걸어가지 않을 수 없었다.
5. 화재의 위험은 여전히 심각하여, 모든 학생과 교직원이 무엇을 해야 하는지를 아는 것을 대단히 중요하게 만들었다.
6. 나는 한쪽 발은 중국에 다른 쪽 발은 네팔에 디딘 채로 에베레스트 산의 정상에 올라서서 산소마스크에 붙은 얼음을 걷어냈다.
7. 더욱 최신 시설을 갖추고 있을지라도, 그 새로 지어진 회의실은 예전보다 더 적은 사람들을 수용한다.
8. 가족이 있는 어른임에도 불구하고, 그는 마음대로 되지 않으면 관심을 받기 위해 시끄럽게 굴면서 어린애 같은 방식으로 행동했다.
9. 한 저널리스트는 그 국가가 헌법을 만들고 총선을 개최하면서, 억압으로부터 자주 진보하였다는 것을 지적했다.

p184
05
정답 ③
과거에 샀더라면 현재 빌려줄 수 있을 거라는 것이므로 과거의 일이 현재까지 영향을 미치는 가정은 혼합가정법을 써서 표현한다.

06
정답 ③
문장의 내용이 과거에 시작되어서 과거에 끝나므로 가정법 과거완료를 써서 표현한다.

07
정답 ④

① would not have → would have
save face는 '체면을 잃지 않다'라는 뜻이다.
② would not recommend → would not have recommended
③ could buy → could have bought

08
정답 ④

① will → would
② would visit → would have visited
③ had not approaching → had not been approaching

09
정답 ③
had~long까지 절은 If가 생략된 가정법 절이다. if가 생략된 절이 주절 뒤에 쉼표 없이도 올 수 있다. 생략되기 전 문장은 if the day had been thirty hours long 이다.

① treating → being treated
취급을 받는 것이므로 수동으로 표현한다. mind는 목적어로 동명사를 받는 동사이다.
② accept → have accepted
과거에 끝난 이야기이므로 가정법 과거완료를 사용해야 해석과 연결이 자연스럽다.
④ would not have been → wouldn't be
현재 사실의 반대를 이야기 하고 있으므로 가정법 과거를 사용한다.

10
정답 ③

① had been → were
그가 미국 사람이 아니지만 미국 사람인 것처럼 유창하게 영어를 쓴다는 것은 현재에도 해당되는 사실이기 때문에 가정법 과거로 표현한다.
② I just stay → I will(I'll) just stay
이 문장은 가정법 문장은 아니고 미래 사실에 대한 조건의 부사절로 쓰였다. 시간과 조건의 부사절에서는 현재시제로 미래시제를 대신한다.

④ we purchased → we had purchased
과거 사실에 대한 미련을 나타내고 있으므로 가정법
과거완료를 사용한다.

p189

11
정답 ③
연주했던 과거 이전에 행복했던 것이 아니라 연주한
시점(과거)와 시점이 일치하므로 시제를 맞춰준다.

① would not be discovered → would not have
   been discovered
과거에 종료된 사실은 가정법 과거완료로 표현한다.
② would not be punished → would not have
   been punished
④ Had I been given up → Had I given up,
   couldn't achieve → couldn't have achieved

12
정답 ④
전체적인 배경은 과거인데 여자가 뇌졸증을 앓아온 건
그 이전부터 해당 되는 것이므로 가정법 과거완료로
표현하는 것이 맞다.

① came → come
come의 과거분사형은 come이다.
② wished → wish
현재 바라고 있기 때문에 현재형으로 써준다. I wish
자체는 가정이 아니라 실제로 바라고 있는 것이기
때문에 딱 맞는 시제를 써준다.
③ Were it not → Had it not been, would ride →
   would have ridden

13
정답 ①
should we face a wildfire은 if가 생략된 가정법
절이다. 생략되기 전은 If we should face a wildfire
이다. 가정법에 should나 were to는 가정법 과거일
때 선택적으로 환타지나 절대 일어나지 않을 만한

상상을 강조할 때 쓴다.

② Were not it → Were it not
③ wouldn't have broken → wouldn't break
④ could have understood → could understand

❖ 가정법 실전 독해연습

Actual Exercise 1

1. 적절한 순간에 당신이 조언해주지 않았더라면, 내
   친구는 그 사업에서 실패했을지도 모른다.
2. 만약 네가 그렇게 스트레스 받을 것이라는 것을
   알았다면, 나는 결코 네가 그 분야에 들어가도록
   격려하지 않았을 것이다.
3. 마치 주변에서 화음이 그에게 흘러 들어오는
   것처럼, 그는 더욱 편안해 보였다
4. 해가 서쪽에서 뜬다 해도 Margaret은 Fred를
   다시는 믿지 않을 것이다. 왜냐하면 그가 그녀에게
   너무 많은 거짓말을 했기 때문이다.
*if절에 should와 were to를 쓰면 가정법 과거의
연장이지만 선택적으로 상상 중에서도 판타지적
요소가 들어간다고 보면 된다.
5. 그것은 마치 대부분의 여자들처럼 나도 벽에
   못을 박는데 구두를 사용하기 때문에, 내가 내
   구두 뒷굽을 망치라고 부를 권리가 있는 것과
   마찬가지이다.
6. 만약 우리의 소방관들이 현장에 제때에 도착할 수
   있었더라면, 화재는 그렇게 멀리, 빠르게 퍼지지
   않았을 것이다.
7. 만약 그녀가 고개를 기울인 채로 서있을 때 당신이
   그녀를 만났더라면, 당신은 그녀의 얼굴에서 잊을
   수 없는 미소를 보았을 것이다.
8. 만약 그때 내 미래상을 그렸더라면, 그것은 아마도
   검고 더 검고 가장 검은 색으로 둘러싸인 커다란
   회색지대였을 것이다.

Actual Exercise 2

1. 최근 들어서 전시의 독일 기록과 전후의 조사 기록을 이용할 수 있게 되지 않았더라면, 이 연구는 불가능했을 것이다.

2. 그는 "클레오파트라의 코가 조금만 낮았더라면, 세상의 모든 형세가 변했을 것이다."라는 유명한 말을 썼다.

3. 만일 영국이 미국 독립 전쟁에 승리했더라면 영어 사용권의 역사 전체가 달랐을 것이다.

4. 만약 네가 잘 들었다면, 너도 역시 Tom이 학급에서 다른 어떤 소년보다 유능하다고 결론 내렸을 것이다.

5. 소속되어 있지 않다고 느끼는 낙심한 아이는 남들에게 인정받고 자신이 주목과 동료애를 받을 가치가 있다고 느끼기 위해 거의 어떤 일이라도 할 것이다.

6. 미국만큼 큰 경제 국가는 기술이 계속 발전될 수 있는 것처럼 보이는 모든 분야에 적당한 액수의 돈을 걸 재정적인 여유가 있다.

7. 미국이 1955년에 가난한 사람들을 위해 집을 더 지었더라면, 오늘날 일부 지역의 주택문제가 그렇게 심각하지 않을 것이다.

8. 만약 사람들이 서로 돕는 것을 중단했더라면, 인류는 오래 전에 멸종했었을 것이다. 사람들은 상호간의 도움 없이는 존재할 수 없다. 도움을 줄 힘을 갖고 있는 누구라도 죄책감 없이 도움을 거절할 수 없다.

Unit 7 비교
p198
01
정답 ①
food는 불가산이므로 관사(a /an)없이 사용한다.

② better → good
as ~ as 사이에는 형용사나 부사의 원급이 온다.
③ more important → important
④ younger → young

해석
① 그는 그녀 두 배만큼 많이 먹는다.

② 당신은 약 9년 전에 그랬던 것만큼 여전히 좋아 보인다.
③ 생각을 표현하는 능력은 그 생각 자체만큼 중요하다.
④ Jane은 보기만큼 젊지 않다.

02
정답 ④
not so much as: ~조차 없다(않다)

① early → late
as late as last night: 바로 어젯밤에
② late → early
as late as: 일찍이
③ stingier → stingy
as ~ as 사이에는 형용사나 부사의 원급이 온다.

03
정답 ④

① many → much
만족하는 것은 셀 수 있는 것이 아니므로 much를 쓴다.
② as well as → as good as
as good as: ~나 다름없는
③ as much as → as many as
고양이는 셀 수 있으므로 many를 쓴다.

04
정답 ①

② many → much
③ much → many
④ many → much

05
정답 ③
not so much as: ~조차 없다(않다)

① a great politician → great a politician
as ~ as 사이의 어순은 '형용사 + a/an + 명사'이다

② what he is as in what he has → what he has as in what he is

what he is: 인격(그가 누구인지), what he has: 재산 (그가 무엇을 가졌는지)

not so much A as B: A라기보다는 B이다

④ as much as a part of life success → as much a part of life as success

비교 대상을 잘 구별해야 한다.

06

1. younger, youngest
2. cuter, cutest
3. bigger, biggest
4. more beautiful, most beautiful
5. earlier, earliest

07

1. later (더 늦은) /latter (후자의), latest (가장 최신의) /last (마지막의)
2. older (더 나이 많은, 오래된) /elder (더 나이 많은), oldest (가장 오래된) /eldest (가장 나이가 많은)
3. hotter, hottest
4. more famous, most famous
5. prettier, prettiest

08

1. further (정도 상 더 먼) /farther (거리 상 더 먼), furthest (가장 먼 (정도)) /farthest (가장 먼 (거리))
2. better, best
3. worse, worst
4. more, most
5. less, least

09
정답 ④

① no less than → no more than
② smart → smarter
③ no more → no less

10
정답 ③

① no more → no less
② not more than → not less than
④ not less than → not more than

11
정답 ②

① many → much /far /still /a lot 등
비교급 강조 수식은 many로 할 수 없다.
③ much → more
④ tolerantly → tolerant

12
정답 ①

② difficultly → difficult
③ writing → to write
④ no less → no more

13
정답 ③
서술적 용법으로 동일한 사물, 사람 자체의 성질 등이 오는 경우에는 최상급에 the를 붙이지 않는다.

① girls → girl
최상급에서 any 다음에 단수 명사가 온다.
② importantly → important
비교급을 원형으로 바꾸고 문장성분이 맞는지 확인해야한다. be동사가 쓰인 문장이므로 보어가 와야 하는데 보어 자리에는 명사나, 형용사가 적합하다.
④ larger → largest

해석
① 그녀는 누구에도 못지않게 사랑스러웠다.
② 건강보다 중요한 것은 없다.

③ 그녀는 가족과 함께 있을 때 가장 행복하다.
④ 바르셀로나는 스페인에서 두 번째로 큰 도시이다.

14
정답 ②

① girls → girl
비교급으로 최상급을 나타낼 때 any other 다음에
단수명사가 온다.
③ men → man
비교급으로 최상급을 나타낼 때 no other 다음에
단수명사가 온다.
④ a great man → great a man
as ~ as 사이에 관사와 수식해주는 형용사가 들어가면
어순은 형용사 + 관사(a/an) + 명사이다.

해석
① 그녀는 학급에서 가장 예쁜 소녀이다.
② John은 그의 학급에서 어떤 누구보다 크다.
③ 전 세계에서 Bolt보다 빠른 사람은 없다.
④ 그는 역사상 살았던 가장 훌륭한 사람이다.

15
정답 ③

① at best → at most
② at most → at best
④ African American students → those of African
    American students
영어에서는 비교할 때 비교대상을 꼭 일치해야한다.
여기서는 학생들을 비교하는 것이 아닌 성적을 비교하는
것이므로 than 뒤에 성적이라고 밝혀주거나 대명사로
받아줘야 한다.

p209
16
정답 ④

① man → men

② best → better
③ at best → at least

17
정답 ②

② at one's best '~의 전성기에'

① at most → in the least
③ better → best
④ rose prices → prices rose
the 비교급, the 비교급 구문에서 대상 단어가 문장 앞으로
나가고 남은 성분은 도치하지 않고 순서대로 써준다.

18
정답 ④

① more qualified as → as qualified as
② as stronger as → as strong as
③ any other things → any other thing

❖ 비교 실전 독해연습

Actual Exercise 1

1. 만 권의 책을 읽는 것이 10,000마일을 여행하는
   것만큼 유용한 것은 아니다.
2. 그녀는 더 낫지는 않더라도 자신이 그 남자만큼 훌륭한
   수영 선수라고 생각했다.
3. 그녀가 그녀의 삶에 더 말해주면 줄수록, 나는 그녀와
   그녀의 관점들을 더 많이 이해하게 되었다.
4. 나에게 있어서 팔과 다리가 없는 것이 대부분의
   사람들이 팔과 다리를 가진 것만큼 자연스럽다.
*is와 for 사이에 natural이 생략됨
5. 이것은 고 콜레스테롤이 음식만큼 가족 유전자와 많은
   관련이 있기 때문입니다.
6. 행복은 돈보다는 삶을 바라보는 당신의 방식에
   달려있다.
7. 우리가 이러한 문제들을 예상하려고 더 많이 노력하면
   할수록, 우리는 그 문제들을 더 잘 통제할 수 있다.

8. 벽돌이 불 없이 만들어질 수 없는 것처럼 위대한 사람은 시련 없이 만들어질 수 없다.

Actual Exercise 2

1. 지구온난화는 기온과 해수면의 증가와 훨씬 적어진 극빙을 초래해왔다.
2. 학교 교육을 더 많이 받을수록, 졸업 후 더 많은 돈을 벌게 될지도 모른다.
3. 우리가 몰두한 일련의 생각이 복잡하면 할수록, 주의산만이 일으키는 장애는 거 커진다.
4. 디즈니랜드의 방문객들은 겨우 5분간 지속되는 놀이기구를 위해 비싼 입장료를 지불하고 몇 시간을 기다린다.
5. 우리는 현재 사용하고 있는 것만큼 환경에 유해하지 않은 대체 에너지 원천을 사용할 수 있다.
6. 나에게 있어서 문을 잠갔는지 점검하지 않고 집을 나설 가능성이 없는 것은 옷을 입지 않고 집을 나설 가능성이 없는 것과 같다.
7. 3단계이상에서 여자아이들의 비율을 항상 남자아이들의 그것(비율)보다 더 높은 반면, 2단계이하에서는 남자아이들의 비율이 여자아이들의 그것(비율)보다 더 높다.

Unit 8 특수구문
p216
01
① (주어) 차이를 만드는 것은 차이이다.
② (주어) 이것은 많은 기술이나 경력을 요구하지 않는 직업이다.
③ (목적어) 내가 오랫동안 미워했던 사람은 바로 그녀의 남자형제였다.
④ (주어) 그를 당황하게 한 것은 그녀의 거절이 아니라 그녀의 무례함이었다.
02
① (진주어) 그녀가 명령들을 무시했다는 것은 놀라웠다.
② (강조) 공원에서 견인된 것은 바로 나의 차였다.
③ (강조) 항상 나를 많이 도와주는 것은 바로 당신이다.

④ (강조) 나를 울게 한 것은 바로 슬픈 이야기였다.
⑤ (진주어) 우리가 쓰레기를 매일 버린다는 것은 비밀이다.

❖ 강조 실전 독해연습
Actual Exercise 1

1. 그녀를 치유한 것은 바로 무의식적인 충돌의 인지였다.
2. 당신이 만족시키려하는 것은 바로 당신의 쾌락이다.
3. 그것은 학생들이 자발적인 학습자가 될 수 있도록 하게 해주는 독특한 일련의 도구이다.
4. 아이큐 테스트에서 잘하는 아이들은 모든 것을 잘 배울 것이라는 것은 바로 사실이다.
5. 르네상스 시대의 화가 Giotto는 자연을 매우 정확하게 모방해서 그의 스승은 Giotto의 작품들 중 하나에 그려진 파리를 찰싹 때렸다.
6. 현대 예술은 외면적인 세상을 묘사하는 데에만 초점을 맞추는 것뿐만 아니라 추상적 사고와 감정의 내면적인 세계에도 초점을 맞춘다.
7. 그가 그 자신을 독립적인 패션 및 초상화 사진작가로 확고히 할 수 있었던 것은 그가 파리로 간 1928년이었다.
8. 영화가 우리가 오늘날 알고 있는 것처럼 영향력을 대중문화에 발휘하기 시작한 것은 지난 세기의 전환점이 지나고 나서였다.
9. 도구를 만들 수 있는 능력이 여전히 유일하게 인간의 능력이라고만 여겨지고 있을 때, 도구를 만드는 침팬지의 능력의 첫 번째 증거를 관찰했던 건 바로 Goodall이었다.

p221
03
정답 ③

① teaches students → a teacher
② passion → passionate.
④ do → does

해석

① Mike는 정치인이며, 사업가이며 선생이다.

② 그녀는 키가 크며, 아름답고, 열정적이다.

③ 그 작업은 솜씨 있게 성공적으로 완료됐다.

④ 그는 여러 개의 아르바이트와 집안일을 한다.

04
정답 ③

① knowledgeable → knowledge

② health → healthy

④ making → (to) make

해석

① 그는 경험과 지식 둘 다 갖춘 사람이다.

② 화는 정상적이고 건강한 감정이다.

③ 운동은 신체적인 이점뿐만 아니라 다른 이점들 역시 제공한다.

④ 과정을 관리하면서 발전시키는 것이 나의 목표였다.

05
정답 ④

① feeding → (to) feed

② drawn → drawing

③ embarrassing → embarrassed

해석

① 아기를 돌보고 먹이는 것은 꽤 어렵다.

② 그는 만화책을 읽고 만화를 그리는 것에 흥미가 있다.

③ 놀라고 당황한, 그녀는 눈물을 터뜨렸다.

④ 그녀는 흥미진진한 스토리를 가지고 계속 그녀를 궁금하게 하는 탐정 소설을 좋아한다.

06
정답 ④

① wrote plays → a play writer

② respectful → respect

③ gets → (will) get

해석

① 셰익스피어는 음악가가 아니고 극작가이다.

② Peter는 그 나이든 예술가에게 엄청난 관심이 있을 뿐만 아니라 존경심도 가지고 있다.

③ David는 관리자에 복종해야된다 그렇지 않으면 짤릴 것이다.

④ 그는 그녀가 예쁘지도 매력적이지도 않다고 말했다.

❖ **병렬 실전 독해연습**

Actual Exercise 1

1. 우리는 당신에게 포트리스티엠(FortressTM)이 어떻게 너의 강점들을 향상시키고 너의 약점들을 치료할 수 있는지를 보여준다.

2. 너는 너 자신을 축하하는 것이 아니고, 너에게 자신감을 심어준 너의 청중들을 축하하고 있는 것이다.

3. 그 실수들은 직접적인 손실의 관점과 그 산업의 이미지의 측면 둘 다에서 희생이 컸다.

4. 그 개간된 토양은 미네랄과 영양이 풍부했으며 실질적인 생산량을 제공했다.

5. 그들은 항해사의 제안을 무시하고 비웃었으며, 길을 잃은 채 남겨졌고, 결국 바다에서 굶어죽었다.

6. 시간은 한 시간이나 하루 안에 삼켜져 버린다는 것이 아니라, 정교하고 점진적이며, 서두르지 않고 소비된다는 것으로 여겨진다.

7. 또한 중요한 것은 우리가 모으는 정보의 양이 아니라 얼마나 의식적으로 그것을 받느냐에 있다.

8. 일반적으로, 로맨스는 이국적이고, 독자로부터 시간이나 장소가 멀리 떨어져 있으며, 명백히 가상의 줄거리와 사람들을 다룬다.

9. 그녀는 그녀의 고객들뿐만 아니라, 그녀가 자주 어울렸던 여자들에게서도 쉽게 정보를 알아냈다.

Actual Exercise 2

1. 공동 우주 프로그램은 더 큰 이해를 확립하고, 세계 평화를 장려하며, 과학적 지식을 향상시킬 수 있을 것이다.
2. Javert 경감은 Madeleine씨가 시장의 진짜 이름이 아닌, 전과자 Jean Valijean의 가명임을 발견하였다.
3. 건조하고, 바위투성이인 사막에서 사와로 선인장은 200년이 넘게 살고, 60피트의 높이까지 자라며, 무려 50개나 되는 가지를 가질 수 있다.
4. 한 연구는 미소 짓는 행위가 안면 근육의 위치를 변화시켰을 뿐만 아니라 심장 박동 수와 호흡에도 직접적인 영향을 미쳤다는 것을 발견했다.
5. 경찰관들은 법과 질서를 유지하고, 증거와 정보를 수집하고, 조사와 감독을 수행할 책임이 있다.
6. 각각의 사람 안에는, 다양한 감각기관들이 등록하는 정보를 반영하고, 그런 경험들을 지시하고 통제할 수 있는 놀라운 능력이 있다.
7. 부담을 주고, 너의 일일 목표와 기능을 방해하고, 쓰라림을 유발시키는 그 어떤 도움을 주는 행동이라도 분명히 행복으로 가는 길에 역효과를 낼 것이다.
8. 자질과 가치관들은 부모들로부터 자식들에게로 세대에 거쳐 유전자의 가닥들뿐만 아니라, 공통된 문화규범들을 통해서도 물려진다.
9. 명쾌하게 진술된 목적은 독자가 당신의 주장이나 관점을 따르는데 도움이 될 뿐만 아니라 당신이 쓰는 모든 것이 그러한 목적을 반영한다는 것을 확실히 하는데도 도움이 된다.

p227

07

정답 ③

1형식 문장이고 '어떠한 상황에서도'라는 장소부사(전치사+명사=부사)가 문장 맨 앞에 나왔으니 도치가 일어난다. 장소라는 것은 물리적인 장소만을 의미하는 것이 아니다.

① quits → quit

never이라는 부정부사가 문두에 나왔으니 도치가 일어난다. 일반 동사가 사용된 문장이므로 do, does, did 중 적절한 것을 맨 앞에 놓고 동사 뒤의 동사가 동사원형으로 사용하는 것을 놓치지 말아야 한다.

② a woman was → was a woman

1형식 문장이고 '플랫폼 위에'라는 장소 부사가 문장 맨 앞에 나왔으니 도치가 일어난다.

④ I knew → did I know

little이라는 부정부사가 문두에 나왔으므로 도치가 일어나야 한다.

해석

① 현명한 사람은 자신이 실패할 때 절대로 그만두지 않는다.
② 플랫폼에 검은색 드레스를 입은 한 여인이 있었다.
③ 어떤 상황에서도 너는 이곳을 떠나면 안 된다.
④ 나는 그 영화가 그렇게 오래 걸릴 줄은 전혀 알지 못했다.

08

정답 ④

부정부사인 not이 문두로 와서 도치가 일어났다.

① does → do

주절의 내용과 중복되는 부분을 일반 동사의 조동사(do, does, did)로 받고 도치로 이를 확인시켜 주었다. 단 현재시제이고 종속절에서의 주어는 복수이기 때문에 do로 받아야 된다.

② it is → is it

only와 부사세트(부사, 부사구, 부사절)이 함께 문두에 나오면 도치가 일어난다.

③ lie → lies

1형식 문장이고 장소부사가 문장 맨 앞에 나왔으니 도치가 일어나는데 이 경우에는 일반 동사의 조동사를 활용하지 않고 주어와 동사의 위치를 바로 바꾸면 되는데 이 문장에서 3인칭 단수형인 opportunity가 주어로 왔으므로 동사에 s를 붙여줘야 한다.

해석

① 강과 호수가 그렇듯이 바다도 해류를 가진다.

② 그들의 행동은 오직 이 방법으로 설명할 수 있다.

③ 고난의 한가운데 기회가 놓여있다.

④ 나는 너의 작문에서 단 하나의 실수도 발견하지 못했다.

09
정답 ①

none은 부정어지만 품사가 명사이다. 부정부사가 문두에 나와야만 도치가 일어난다.

② so → neither

부정문에 대한 동의는 neither을 사용한다.

③ is → be

도치가 일어난 문장인데 조동사가 있는 문장에서는 조동사만 주어 앞으로 꺼내고 나머지는 변동사항이 없다.

④ come → comes

Now come(s)은 관용적인 도치구문이다. 주어가 단수형이므로 동사에 s를 붙여준다.

해석

① 이러한 법안 중에서 어떤 것도 아직 법률로 통과되지 못했다.

② 그들은 그의 이야기를 믿지 않았고, 나 역시 그랬다.

③ 어떠한 상황에서도 고객의 돈은 환불되지 않는다.

④ 이 영화의 가장 멋진 장면이 이제 나온다.

10
정답 ③

보어도치 구문이다. Those who are content with their lives are happy.가 도치 전 문장이다.

① did hope have → had hope

few는 이 문장에서 부정부사가 아닌 doctors를 꾸며주는 형용사로 쓰였으므로 도치가 일어나지 않는다.

② does → did

앞 문장을 받는 것이기 때문에 시제를 일치시켜줘야 한다.

④ is → are

장소부사 도치이긴 하나 1형식이 아니기 때문에 보어도 문두로 빼주었다. 주어는 tall towers이므로 복수형 동사가 필요하다.

해석

① 그의 언어 능력 발달에 대해 희망을 가진 의사들은 거의 없었다.

② Jane은 영화를 보러갔는데, 그녀의 여자형제도 보러 갔다.

③ 자신의 삶에 만족하는 사람들은 행복하다.

④ 100야드 떨어진 곳에 높은 탑들이 있다.

11
정답 ①

장소부사구가 문두에 나와 도치가 일어났다.

② may this door be → this door may be

시간부사구는 보통 도치를 일으키지 않는다.

③ was she → she was

양보의 부사절에서는 보어나 부사를 문두에 놓을 수가 있는데 이를 각각 보어도치, 부사 도치라 일컫고 주어 동사의 순서가 바뀌지는 않는다.

④ vigorous → vigorously

보통 few, little, so, such 등이 형용사인 보어나 부사를 꾸밀 때 강조나 여타의 이유로 문두로 나올 수 있으며 이 경우 주어 동사의 도치가 발생한다.

해석

① 'stations'이라고 불리는 거대한 양과 소를 키우는 목장들이 오지에 있다.

② 특정한 시간에 이 문은 잠겨 있지 않을 것이다.

③ 비록 그녀가 말을 유창하게 잘했지만, 그를 설득시킬 수는 없었다.

④ 그가 너무나 필사적으로 항의해서 그들은 그의 사건을 재고했다.

12

정답 ④

이 문장에서 only가 부사세트와 함께 나온 것이 아니기 때문에 도치가 일어나지 않는다.

① ridiculously → ridiculous
본래 문장은 She looked so ridiculous that everybody burst out laughing. 이 문장에서 so가 보어인 ridiculous와 문두로 나오면서 도치가 일어났다.

② a man fulfills → does a man fulfill
only가 부사구와 함께 문두에 왔기 때문에 도치가 일어나야 한다.

③ a captain was → was a captain
장소부사구가 문두에 온 1형식 문장이기 때문에 도치가 일어나야 한다. who~deaf까지는 a captain을 꾸며주는 형용사절이다.

해석

① 그녀가 너무 꼴불견이어서 모든 사람들이 갑자기 웃기 시작했다.

② 오직 전념하는 일을 통해서만 사람은 자신의 능력을 발휘한다.

③ 이 배에는 다소 근시면서 약간 귀가 먹은 선장이 있었다.

④ 오직 몇몇 여성들만이 1년 동안 검은색 옷을 입거나 보석을 흑옥으로 제한했다.

❖ 도치 실전 독해연습

Actual Exercise 1

1. 우리는 그러한 새로운 생산기술의 폭발적인 증가를 경험해 본 적이 없다.

2. 그 회의 후에야 그는 금융 위기의 심각성을 알아차렸다.

3. '마법의 말'은 다른 유명한 동화 중에서 이 시리즈에 포함되어 있다.

4. 고통의 깊이를 완전히 경험함으로써 우리는 그로부터 회복될 수 있고, 그것을 끝낼 수 있다.

5. 30년 전 고향을 떠날 때, 그는 다시는 고향을 못 볼 거라고 꿈에도 생각지 않았다.

6. 아이들은 상호작용들에 기여할 뿐만이 아니라, 그렇게 함으로써, 그들 자신의 발달 결과에도 영향을 미친다.

7. 정확히 어떤 종류의 음악이 사람들을 어떤 기분에 놓는 경향이 있는지를 알아내려는 과학연구는 행해진 적이 거의 없다.

8. 심각한 감정적 장애를 지닌 아이들이 다섯 명 가운데 겨우 한 명꼴로 전문화된 정신 건강 서비스를 이용한다.

9. 더 많은 미국인들이 개를 소유할 뿐만 아니라 전례 없는 수의 동물들이 가족의 진정한 구성원으로서의 높은 지위를 즐기고 있다.

10. 남자아이들을 두고 벌이는 경쟁이 주요 문제가 되는 데이트 할 나이가 돼서야 여자들은 여성적인 행동에 관심을 가지게 되었다고 전한다.

11. 참가자들은 쉽게 발음할 수 있는 회사들의 주가가 다른 회사들을 능가할거란 것뿐만 아니라 그들은 또한 후자(발음이 쉽게 되지 않는 회사들)의 주가가 전자들이 올라가는 동안 내려갈 것이라고 예측했다.

13

정답 ④

The amount 단수 취급

① student → students
a number of가 '많은'이라는 뜻이기 때문에 바로 뒤에 오는 명사는 당연히 복수형이어야 한다.

② are → is
The percentage 단수 취급

③ come → comes
분수는 부분명사로 of 뒤에 있는 명사에 수일치를 해주는 데 이 문장에서 쓰인 your cholesterol은 불가산이므로 단수 취급한다.

해석

① 많은 학생들이 졸업 후 취직을 위해 매우 열심히
공부하고 있다.

② 5단계에서 여자아이들의 비율은 남자아이들의
비율의 2배 이상이다.

③ 당신의 콜레스테롤의 5분의 1 정도가 당신이 먹는
것으로부터 온다.

④ 스팸의 양이 극적으로 증가해왔다.

14
정답 ④

주어 the extent는 단수 명사이다. 이 문장에서 동사는
'~을 놀라게 하다'라는 뜻을 가진 astound이다.

① classmate → classmates

'여러 명의 급우들 중 3분의 2가~'라고 해야 자연스럽기
때문에 classmate에 s를 붙여 복수형으로 만든다.

② are → is

이 문장에서는 one이 진짜 주어이므로 단수 취급해줘야
한다.

③ are → is

the number 단수 취급

해석

① 내 급우들 중 3분의 2가 졸업 후에 직장을 알아볼
예정이다.

② 암을 위한 명상의 신체적 이점 가운데 한 가지는
면역 조직을 활성화시키는 것이다.

③ 고속도로와 도로 위를 달리는 차량의 수가 급속도로
증가하고 있다.

④ 다양한 주제에 대한 Mary의 지식의 범위는 나를
깜짝 놀라게 한다.

15
정답 ④

none은 of 뒤에 복수명사일 때는 복수형 동사 혹은
단수형 동사가 오고, of 뒤에 불가산명사 일 때는 단수형
동사가 온다. 이 문장에서는 복수명사가 왔으므로 has나
have 둘 다 가능하다.

① need → needs

상관접속사 either A or B는 B에 수일치 한다.

② has → have

이 문장에서 주어는 Some animals이다.

③ publishing → published

이 문장의 구조는 To feel~ 주어인데 to부정사는 단수
취급하므로 is가 동사로 적절하다. 다만 너의 작품이
학문 잡지에 게재된 것이라는 수동의 의미이므로
과거분사를 사용해줘야 한다.

해석

① John이나 Ted 중 한 명은 우리가 얼마나 많은
의자들이 필요한지 확인할 필요가 있다.

② 아메바와 불가사리 같은 몇몇 동물들은 머리가 없다.

③ 학문 잡지에 너의 작품이 게재된 것에 만족을 느끼는
것은 그것에 자부심을 가진다는 것이다.

④ 이 기관들 중 어느 곳도 정신 건강관리를 최우선
사항으로 여기고 있지 않다.

❖ 수일치 실전 독해연습

Actual Exercise 1

1. (study) 많은 의사들이 의학에서의 모든 최신의
발전에 뒤떨어지지 않기 위해서 열심히 공부한다.

2. (is) 대략 한 근로자의 임금 중 1/4이 정부에 내는
세금과 사회복지기금으로 쓰인다.

3. (is) 이러한 경향이 미치는 중대한 영향 중 하나는
산의 시각적인 손상과 관련이 있다.

4. (is) 남자아이들과 여자아이들 비율 간의 차이는 4
단계에서 가장 작고, 6단계에서 가장 크다.

5. (is) 뎅기열 바이러스는 모기와의 접촉을 통해 걸리며,
거의 세계 인구의 절반이 감염 위험에 놓여 있다.

6. (have) 히말라야와 텐산 산맥에서 거의 67%의
빙하가 지난 10년간 녹아 없어져 버렸다.

7. (was) 2016년, 자신의 사진을 올린 젊은 미국인들의
비율이 모든 카테고리에서 가장 높았다.

8. (were) 탬파만 주변 플로리다에 있는 최초의 자몽
나무들은 1823년에 프랑스 백작 Odette Philipe에
의해 심어졌다.

9. (has) 요약하자면, 누군가를 격려하는 것은 그 사람의 능력에 긍정적인 영향을 주며 그 사람을 성공으로 이끈다.

Actual Exercise 2

1. (comes) 우리가 자연에 대해 정보로 받아들이는 것의 4분의 3은 눈을 통해 우리 뇌로 들어온다.
2. (are) 우리의 대부분은 우리의 의견이 감정에의 호소에 의해 강한 영향을 받을 수 있다는 것을 인정하는 것을 거북해한다.
3. (is) 마찬가지로 수백만 년에 걸쳐 기후가 어떻게 변해 왔는지를 이해하는 것은 현재의 지구 온난화 추세를 제대로 평가하기 위해 매우 중요하다.
4. (has) 도로에 과속카메라가 작동하게 된 이후로, 교통사고의 수의 감소가 고무적인 추세를 보이고 있다.
5. (was) 과학의 역사에서 물체의 운동에 관한 갈릴레오의 업적은 적어도 그의 천문학적 관찰들만큼 근본적인 공헌이었다.
6. (does) 최근 보고서에 따르면, 미국인들이 소비하는 설탕의 양이 매년 크게 변하지 않는다고 한다.
7. (are) 때때로 새로운 국가의 음식, 의복 스타일, 삶의 다른 측면들이 너무 달라서 사람들은 이러한 새로운 삶의 방식에 적응하는데 힘든 시간을 가진다.
8. (come, put) 언더그라운드 힙합 단체 출신인 다양한 락 그룹들과 랩퍼들이 춤을 추고 열정적인 쇼를 연출하기 위해서 매년 한데 모인다.

❖ 최종 기출 실전 독해연습

Level 1 Exercise

1. 나는 버팔로에 가본 적이 없어서 그곳에 가기를 고대하고 있다.
2. 당신은 당신의 신체가 체내 수분의 1퍼센트를 잃으면 목마름을 느끼기 시작한다.
3. 그는 Owen과 함께 도착했는데, Owen은 힘이 없고 기진맥진해 있었다.
4. 먹을 수 있는 식물이 없다면, 동물들은 서식지를 떠나야 한다.
5. 테이블에 자리가 없어서, 그 남자는 거기에 서 있을 수 밖에 없었다.
6. 나는 트럭이 가까이 다가오는 것을 보고 겁에 질렸다.
7. 남에게 의존하지 말고 너 자신이 직접 그것을 하는 것이 중요하다.
8. 재사용할 수 있는 여성용 손가방이 더 저렴해지면 더 많은 사람들이 그것을 구입하기 시작할지도 모른다.
9. 벌과 꽃만큼 서로 친밀하게 연결되어 있는 생물도 거의 없다.
10. Tom은 자기 생각을 영어보다 러시아어로 표현하는 것이 훨씬 쉽다고 한다.

Level 2 Exercise

1. 협박도 설득도 그가 마음을 바꾸도록 할 수 없었다.
2. 어제 눈이 많이 와서 많은 사람들이 길에서 미끄러졌다.
3. 우리가 어떤 것을 하는 것에 실패할 때 우리는 좌절감을 느끼고 다른 행동들을 시도하기 시작한다.
4. 휴대용 컴퓨터는 사무실에서 멀리 떨어져 있는 사람들이 계속해서 일할 수 있도록 해준다.
5. 당신은 단지 많은 채소를 먹는 것이 당신을 완벽히 건강하게 유지시킬 것이라고 생각할지도 모른다.
6. 이라크의 상황이 너무 심각해보여서 마치 제3차 세계대전이 언제라도 일어날 것 같았다.
7. 당신의 대출 신청이 승인되지 않았다는 것을 알리게 되어 유감입니다.
8. 그가 원했던 것은 오직 마음을 가라앉히고 편안해질 때까지 신문을 읽으며 앉아 있는 것이었다.
9. 바다는 아직 발견되지 않은 많은 형태의 생명체들을 보유하고 있다.
10. 이 법률은 6월 1일부터 시행된다.

*법문서나 공식적인 표현에는 shall을 사용한다.

Level 3 Exercise

1. 그가 현재 양호한 재정 조건하에 있다는 사실 외에는 나로서는 보고할 새 소식이 없다.
2. 총을 소유한 여성의 수가 지난 10년 동안 급격히 증가하고 있다.
3. 노련한 투자자들은 주식시장이 급락할 때가 되었을지도 모른다고 걱정하기 시작하고 있다.
4. 장학금이 제공되는 아홉 개의 부문은 다음 목록에서 볼 수 있다.
5. 인생의 비밀은 좋아하는 것을 하는 것이 아니라 해야 할 것을 좋아하도록 시도하는 것이다.
6. 가르치는 것은 공식적인 자격증뿐만 아니라 길고 복잡한 훈련을 요구하는 전문적인 활동으로 여겨진다.
7. 그는 Jane이 제안한 대안이 실효성이 없을 것이라고 굳게 믿고 있다.
8. 그는 하나의 일을 끝내자마자 다른 일을 하도록 요청을 받았다.
9. 그녀가 먹은 많은 양의 저녁 식사는 그녀를 지치게 하여 잠들 준비가 되게 했다.
10. 높은 굽을 신는 가장 중요한 목적은 여성으로 하여금 더 크고, 날씬하고, 섹시하게 느끼도록 하는 것이다.

Level 4 Exercise

1. 남을 돕는 데서 기쁨과 즐거움을 찾는 사람들은 행복하다.
2. 반대자들은 핵폐기물의 안전한 처리가 확보될 수 있는지에 대해서 의문을 제기했다.
3. 그 방은 너무나 조용해서 나는 바깥에서 나뭇잎들이 나무에서 떨어져 날리는 소리를 들을 수 있었다.
4. 그날 Hamas는 이스라엘에 로켓탄을 발사하는 것을 일시적으로 중단하는 것에도 합의했다.
5. 이 고대 상어의 아가미를 받치는 뼈대는 현대 상어의 뼈대와는 완전히 다르다.
6. 21세기 말까지 과학이 얼마나 발전할지 알 수 없다.
7. 농장에서 길러진 아이들이 알레르기, 천식, 그리고 자가 면역 질병에 영향을 덜 받을 것 같다.
8. 이 문제를 즉각 해결하기 위해 당신이 어떤 조치를 취할지 알려 주십시오.

9. 나는 마을로 이어진 길에 도착할 때까지 열기가 허락하는 만큼 힘차게 계속 걸었다.
10. 인간이 사용하는 언어는 개인적으로 물려받은 것이 아니라 자신이 성장하는 집단으로부터의 사회적 습득물이다.

Level 5 Exercise

1. 아버지께서는 그들이 머물고 있던 곳으로 우리와 동행하지 않으셨지만, 내가 갈 것을 고집하셨다.
2. 이슬람 운동 단체는 이스라엘이 국경을 완전히 개방하지 않는다면 로켓 공격을 재개할 것이라고 밝혔다.
3. 낮에는 너무 바빠 걱정할 틈이 없고, 밤에는 너무 피곤해서 깨어있을 수 없는 사람은 복 받은 사람이다.
4. 우리를 가장 놀라게 한 것은 그가 자신은 직장에 지각을 한 적이 거의 없다고 말한 사실이었다.
5. 대부분의 학생들은 선생님이 인간적인 약점을 지닌 인간에 불과하다는 사실을 믿으려고 하지 않는다.
6. 그 결과, 대부분의 전문 의료진은 예방 접종의 이점이 소수의 위험요소를 훨씬 능가한다고 생각한다.
7. 그 아이는 조용히 앉아서 예전에 노출된 적이 있었던 위험에 대해서 교육을 받고 있다.
8. 그가 다음 학기에 수강할 엘리트 대학 과정은 매우 어려울 예정이다.
9. 당신의 사업을 소유하는 것의 재정적인 보상은 당신이 몇 년간 열심히 일을 하고 나서야 비로소 일어날지도 모른다.
10. 즉 우리는 사실에 대한 만족스러운 설명에 도달하기 위해 명백한 이론을 만들어 내야만 한다.

Level 6 Exercise

1. 저는 더 좋은 서비스를 간절히 제공하고 싶어 하는 당신의 경쟁사 중 하나로 바꿀 것을 저는 심각하게 고려 중입니다.
2. 선생님들은 불안감이 학습과 성적에 미치는 부정적인 영향을 줄이기 위해 많은 전략을 적용할 수 있다.
3. 이전에, 많은 과학자들은 상어 아가미가 현대 물고기보다 앞선 고대의 기관계였다고 생각했다.

4. 우리가 가지고 있는 학식이란 기껏해야 우리가 모르고 있는 것과 비교할 때 지극히 작은 것이다.

5. 다양한 실속 있는 가전제품들 중에서 어떤 것이 가장 좋은지 결정하는 것은 중요하다.

6. 그녀가 슬플 때, 그녀는 창문 쪽으로 고개를 돌리곤 했는데, 그곳에서는 오직 쓸쓸한 풍경만이 그녀를 마주했다.

7. 처음에 어떻게 그 생각이 내 머릿속에 떠올랐는지 말하는 것은 불가능하지만, 한 번 그 생각을 품고 나니, 그것이 밤낮으로 나의 뇌리에서 떠나지 않는다.

8. 많은 전문가들은 장기적으로 대외 원조를 제공하는 것이 저개발 국가를 실질적으로 돕지는 못한다고 주장한다.

9. 과거를 생각하며 책임을 돌리기보다는, 문제를 해결하기 위해 당신이 지금 바로 무엇을 할 수 있는지에 집중해라.

10. 첫째가 다른 자녀들과 근본적으로 다르다고 주장하는 대부분의 연구는 믿을 수 없다.

Level 7 Exercise

1. 대외 원조에 믿음을 가지고 있는 사람들은 자금이 효과적으로 사용되는지를 보장하기 위해 자금이 더 신중하게 감시되어야 한다고 주장한다.

2. 운동하는 청소년들을 운동을 하지 않는 청소년들보다 더욱 긍정적인 성격과 높은 사회성을 지니고 있다.

3. 고양이의 뇌는 인간의 두뇌와 비슷한 주름을 가지고 있으며, 이는 그들이 3억 개의 뉴런을 가질 수 있게 해주는데, 이것(뉴런)들을 뇌와 주고받는 메시지를 전송한다.

4. 화석 감정을 도왔던 고생물학자 John Maisey는 "그들이 시간이 지나면서 진화하여 기본형보다 더 나은 결과를 냈습니다."라고 말한다.

5. 마음대로 골라 선택할 수 없는 가족 관계와는 달리, 또래 관계는 비교적 쉽게 형성되고 꼭 그만큼 쉽게 깨질 수 있다.

6. 광고주는 자신의 메시지에 필시 우호적으로 영향을 받을 소비자로 구성되는 광고 대상자의 관심을 끌려고 한다.

7. 그러한 매체들은 거의 모든 가구가 사용할 가능성이 있는 비누, 옷, 식품, 또는 소매 서비스와 같은 제품을 판매하는 광고주에게 있어 유용한 수단이다.

8. 이제는 지능이나 성격에 미치는 출생 순서의 어떠한 영향도 한 개인의 인생에서의 모든 다른 영향들로 인해서 씻겨 없어지는 것처럼 보인다.

9. 만일 어떤 나라가 다른 나라의 국내 정책 변경을 요구한다면 전자는 타국의 내정에 간섭한다는 비난을 받을 것이다.

10. 한 대학의 연구원들은 3,000명 이상의 모든 연령의 초등학교 아이들을 조사했고 그들의 10 퍼센트가 그들의 학습을 심각하게 방해하는 좋지 않은 작동 기억을 겪고 있다는 것을 알아냈다.

Level 8 Exercise

1. 기업들은 인터넷 사업 영역에서의 폭발적인 증가에 대한 주요 난관이 인도에서 고작 4,000만 명만이 인터넷에 대한 접근성을 가진 것으로 추정된다는 것이라고 말한다.

2. 최초의 우주 교사로 선발된 McAuliffe는 지구 주변의 우주선의 궤도에서 학교로 직접 수업을 방송할 계획이었다.

3. 소녀들에게는 독서와 공부가 좀 더 허용되었지만, 그들도 '거만하다'는 낙인을 받지 않도록 지나치게 지적이지 않기 위해 조심해야만 했다.

4. 이 법률의 추동력은 하원의 매수 행위들과 산업혁명 동안 일어난 엄청난 인구 증가에 의해 제공되었다.

5. 선진국은 그들의 정부에 많은 액수의 돈을 기부함으로써 수십 년간 세계에서 가장 가난한 국가들의 빈곤을 완화시키려고 노력했다.

6. 남부지방의 심한 가뭄으로 금년의 쌀 수확이 상당히 감소할 것으로 보도됐다.

7. 그러므로 아이들은 그들의 형제자매와 부모와의 관계보다, 혹은 다른 어떤 어른들과의 관계보다도, 또래와의 관계를 강화하고 유지하기 위해 훨씬 더 많은 노력을 기울일 필요가 있다.

8. 서유럽의 첫 번째 커피점은 무역이나 상업의

중심지가 아닌 대학가 도시인 옥스퍼드에서
개점했는데, 그곳에서 Jacob이라고 이름 지어진
레바논 사람이 1650년에 가게를 차렸다

9. 만약 그것의 역사를 안다면, 그림이나 가구에 훨씬 더
많은 관심을 가지게 되듯이, 사람 역시 그를 형성한
조상이 알려지게 되면 더욱 실재하게 된다.

10. 2013년에 위험할 정도로 높은 오염 수준에
의해 야기된 베이징의 비상사태는 운송 시스템의
혼란으로 이어졌고, 낮은 가시성(나쁜 시야)으로
인해 항공사들이 어쩔 수 없이 항공편을 취소하도록
만들었다.

Level 9 Exercise

1. 현대 문학을 다르게 만드는 것은, 현대 문학의
새로움뿐만이 아니라, 그것이 창작되고 수용되는
상황이기도 한데, 이는 곧 과거 문학에 비해 현대
문학에 매우 흥미로운 이점을 제공하는 것이다.

2. 수출의 증가를 야기 시키기 위해서는 품질이 좋고
값싼 상품을 공급하는 것이 중요하다. 그러나 사후
서비스에 만전을 기하는 것이 더 중요하다.

3. 힌두교과 이슬람교와 같이 종교가 사람들의 문화와
거의 동일시되어 온 국가에서는 종교 교육이 사회와
그것의 전통을 유지하는데 필수적이다.

4. 월별 기후학적 자료의 그래프는 가장 따뜻하고, 가장
서늘하고, 가장 습하고, 가장 건조한 시기를 보여준다.
또한, 만약 당신이 활동을 계획하고 있다면, 당신이
주말 날씨를 빨리 찾아낼 수 있도록 돕기 위해 주말을
그래프에서 하이라이트 표시되어 있다.

5. 에너지 가격이 너무 변동이 심한 한 가지 이유는 많은
소비자들이 예를 들어 천연가스의 가격이 요동칠 때
연료들 사이에서 대체할 능력이 매우 제한적이기
때문이다.

6. 몇 년 전에 실시된 영국의 한 설문조사에서 여성들
중 91퍼센트는 모든 미디어 광고의 5분의 1이
남성이라기보다는 여성을 대상으로 한다는 사실에도
불구하고, 광고주들이 그들을 이해하지 못한다는
느낌을 받았다는 것이 드러났다.

7. 우리가 믿기에 우리가 누구인가는 우리가 어떤 사람이
되길 원하는지에 대해 우리가 한 선택들의 결과이며,

우리는 이후 다양하고 종종은 미묘한 방식들로 다른
사람들에게 이러한 욕망의 유사성을 보여준다.

8. 지난 50년 내내 동물원 전시장은 단순히 동물들을
보유하고 전시하도록 디자인된 간단한 우리로부터
동물들이 대중들로부터 숨겨진 채로 남겨지면서도
또한 방문객들이 동물들에게 최소한의 방해만을
제공하는 정교한 울타리로 변형되고 있다.

9. 이러한 아이들의 학교 교육의 부족은 그들이
가난으로부터 벗어나는 것을 가능하게 해줄 직업을
얻는 것을 어렵게 만들 것이고 그들 자신의 문맹으로
이끌었던 상황들을 재창조할 것이다.

10. 일반적인 지식부족과 어장이 최초로 건설되었을
때 취해진 불충분한 관리는 과도한 먹이공급과 생선
폐기물로부터 오염이 엄청난 불모의 수중사막을
만들어냈다는 것을 의미했다.

불규칙 동사 변환표

기본 형태	의미	과거형	p.p형	기본 형태	의미	과거형	p.p형
be	- 이다/있다	was/were	been	light	불을 켜다	lit/-ed	lit/-ed
beat	치다	beat	beat(en)	lose	잃다	lost	lost
become	-이 되다	became	become	make	만들다	made	made
begin	시작하다	began	begun	mean	의미하다	meant	meant
bend	구부리다	bent	bent	meet	만나다	met	met
bet	내기하다	bet	bet	pay	지불하다	paid	paid
bite	물다	bit	bitten	put	놓다	put	put
blow	불다	blew	blown	quit	그만두다	quit	quit
break	깨뜨리다	broke	broken	read	읽다	read	read
bring	가져오다	brought	brought	ride	타다	rode	ridden
broadcast	방송하다	broadcast	broadcast	ring	울리다	rang/-ed	rung/-ed
build	세우다	built	built	rise	오르다	rose	risen
burst	터뜨리다	burst	burst	run	뛰다	ran	run
buy	사다	bought	bought	say	말하다	said	said
catch	따라잡다	caught	caught	see	보다	saw	seen
choose	선택하다	chose	chosen	seek	찾다	sought	sought
come	오다	came	come	sell	팔다	sold	sold
cost	비용이 들다	cost	cost	send	보내다	sent	sent
creep	기(어가)다	crept	crept	set	두다	set	set
cut	자르다	cut	cut	sew	꿰매다	sewed	sewn
deal	분배하다	dealt	dealt	shake	흔들다	shook	shaken
dig	파다	dug	dug	shoot	쏘다	shot	shot
do	하다	did	done	show	보이다	showed	shown
draw	그리다	drew	drawn	shrink	줄어들다	shrank	shrunk
drink	마시다	drank	drunk	shut	닫다	shut	shut
drive	운전하다	drove	driven	sing	노래하다	sang	sung
eat	먹다	ate	eaten	sink	가라앉히다	sank	sunk
fall	떨어지다	fall	falled	sit	앉다	sat	sat
feed	먹이다	fed	fed	sleep	잠자다	slept	slept
feel	느끼다	felt	felt	slide	미끄러지다	slid	slid

기본 형태	의미	과거형	p.p형	기본 형태	의미	과거형	p.p형
fight	싸우다	fought	fought	lie	눕다	lay	lain
find	찾아내다	found	found	speak	말하다	spoke	spoken
fit	-에 맞다	fit	fit	spend	소비하다	spent	spent
flee	달아나다	fled	fled	spit	뱉다	spat/spit	spat/spit
fly	날다	flew	flown	split	쪼개다	split	split
forbid	금하다	forbade	forbidden	spread	펴다	spread	spread
forget	잊다	forgot	forgot	spring	튀다	sprang	sprung
forgive	용서하다	forgave	forgiven	stand	서다	stood	stood
freeze	얼다	froze	frozen	steal	훔치다	stole	stolen
get	얻다	got	got	stick	들러붙다	stuck	stuck
give	주다	gave	given	sting	찌르다	stung	stung
go	가다	went	gone	strike	치다	struck	struck
grow	자라다	grew	grown	swear	선서하다	swore	sworn
hang	걸다	hung/규칙	hung/규칙	sweep	휩쓸다	swept	swept
have	가지다	had	had	swim	헤엄치다	swam	swum
hear	듣다	heard	heard	swing	흔들리다	swung	swung
hide	숨기다	hid	hidden	take	취하다	took	taken
hit	때리다	hit	hit	teach	가르치다	taught	taught
hold	갖고있다	held	held	tear	찢다	tore	torn
hurt	상처내다	hurt	hurt	tell	말하다	told	told
keep	계속하다	kept	kept	think	생각하다	thought	thought
kneel	무릎을 꿇다	knelt/-ed	knelt/-ed	throw	던지다	threw	thrown
drink	마시다	drank	drunk	understand	이해하다	understood	understood
drive	운전하다	drove	driven	shut	닫다	shut	shut
eat	먹다	ate	eaten	sing	노래하다	sang	sung
know	알다	knew	known	sink	가라앉히다	sank	sunk
lay	놓다/낳다	laid	laid	wake	깨다	woke	woken
lead	이끌다	led	led	wear	입다	wore	worn
leave	떠나다/남기다	left	left	weep	울다	wept	wept
lend	빌리다	lent	lent	win	이기다	won	won
let	-시키다	let	let	write	쓰다	wrote	written

마왕 영어

저자 | 이선미
디자인 | 이민아, 이창욱
발행인 | 도서출판 공시각
발행일 | 초판 1쇄 2019년 1월 2일
발행처 | 도서출판 공시각
홈페이지 | cafe.naver.com/790net

Copyrightⓒ2019 by 도서출판 공시각 All rights reserved.
No part of this publication may be reproduced, stored
in a retrieval system, or transmitted in any form or by any means,
electric, mechanical, photocopying, recording, or otherwise,
without the prior permission of thecopyright owner.

파본은 구매처에서 교환해 드립니다.